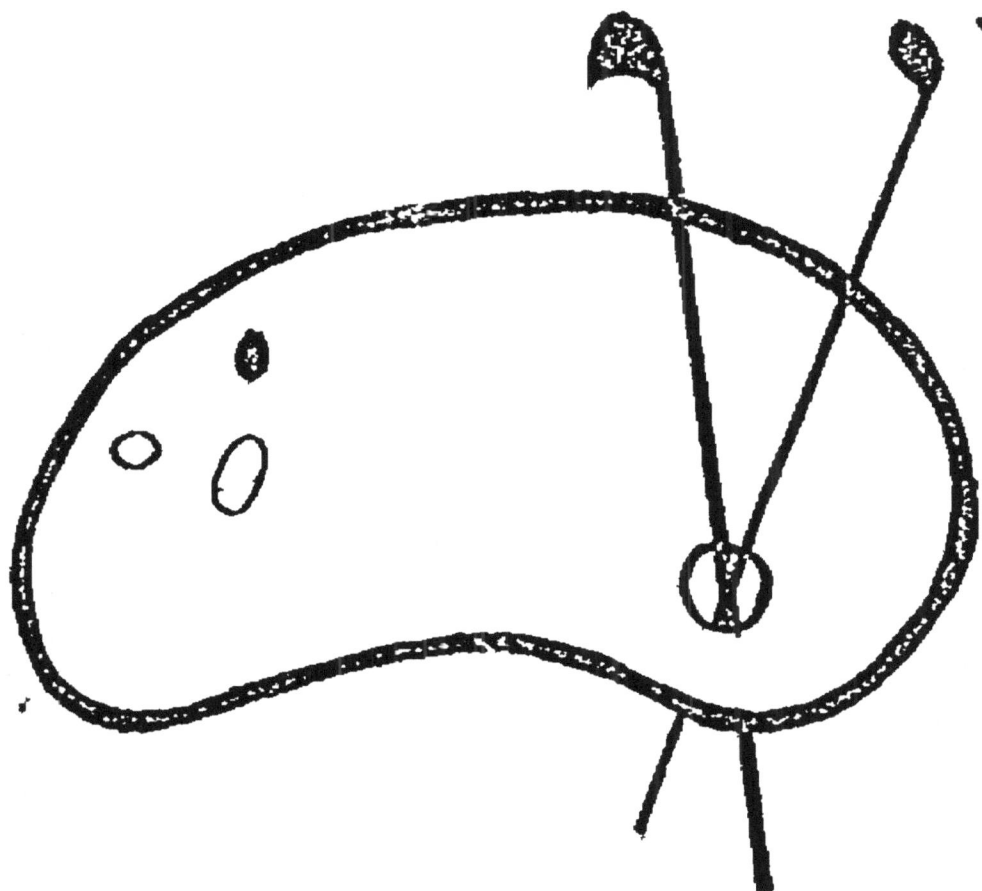

COUVERTURE SUPERIEURE ET INTERIEURE
EN COULEUR

PHYSIOLOGIE

DES

FACULTÉS INTELLECTUELLES

A LA PORTÉE DES GENS DU MONDE

LA NATURE & L'UNIVERS

FORMATION ET COMPOSITION
DE NOTRE PLANÈTE

PAR A. DEBAY

DEUXIÈME ÉDITION

Physiognomonie et Phrénologie

Les Abolitionistes de la peine de mort

Les Congréganistes et l'Enseignement clérical

Fanatisme religieux

PARIS

CHEZ LES PRINCIPAUX LIBRAIRES

F AUREAU — IMP. DE LAGNY

PHYSIOLOGIE

DES

FACULTÉS INTELLECTUELLES

A LA PORTÉE DES GENS DU MONDE

Tout exemplaire, non revêtu de la signature de l'auteur, sera réputé contrefait et poursuivi conformément à la loi.

F. AURFAU. — IMPRIMERIE DE LAGNY

PHYSIOLOGIE

DES

FACULTÉS INTELLECTUELLES

À LA PORTÉE DES GENS DU MONDE

LA NATURE ET L'UNIVERS

TEMPS PRIMORDIAUX
FORMATION ET COMPOSITION DE NOTRE PLANÈTE

PHYSIOGNOMONIE — PHRENOLOGIE
LES ABOLITIONISTES
DE LA PEINE DE MORT
LES CONGRÉGANISTES
LEUR DANGER POUR LA REPUBLIQUE
L'ENSEIGNEMENT CLÉRICAL
SES FUNESTES RESULTATS—FANATISME RELIGIEUX

Par A. DEBAY

DEUXIÈME EDITION

PARIS

CHEZ LES PRINCIPAUX LIBRAIRES

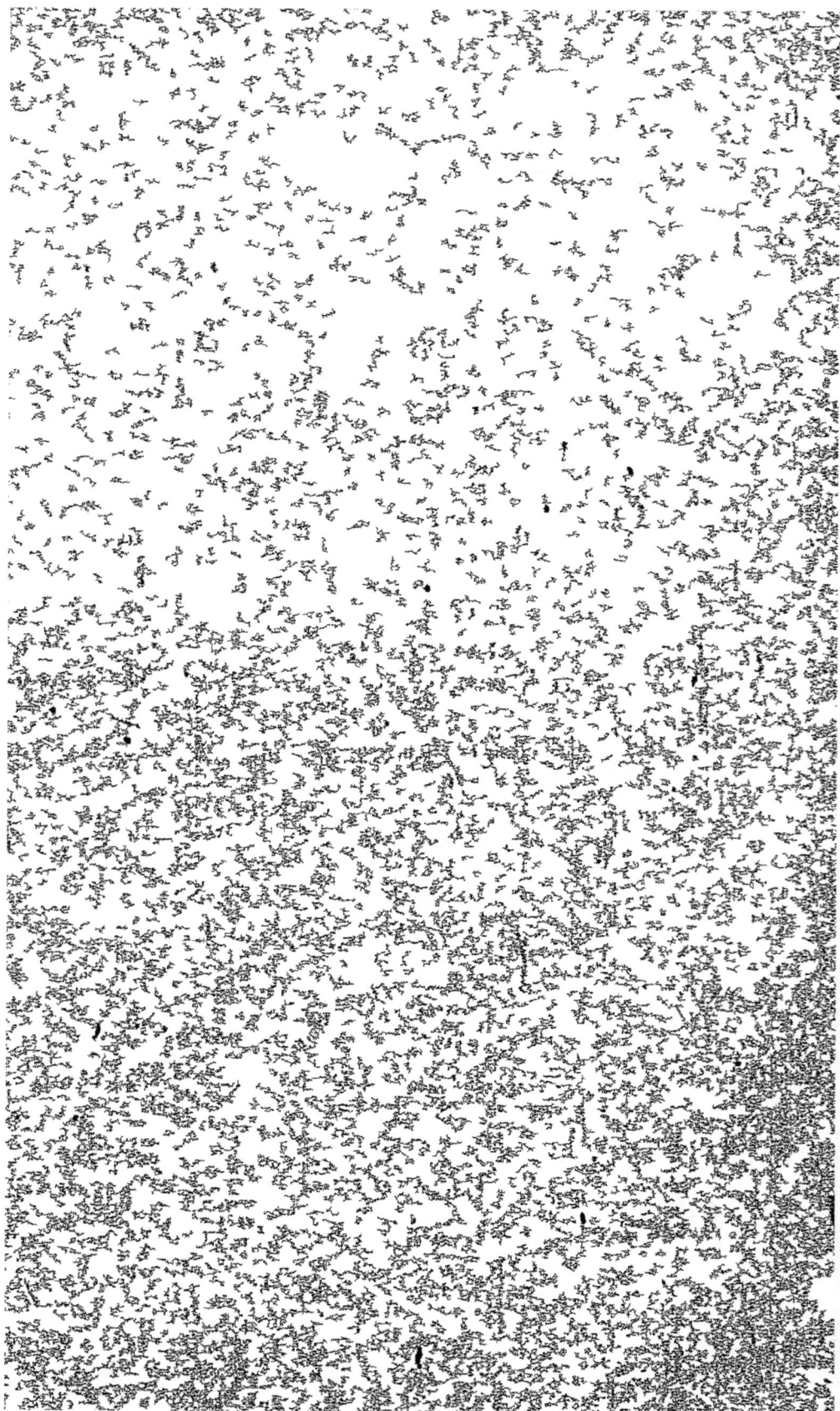

PHYSIOLOGIE

DES

FACULTÉS INTELLECTUELLES

A LA PORTÉE DE TOUS

CHAPITRE PREMIER

CAUSE PREMIÈRE

§ I

La science abstraite reconnaît la nécessité
d'une cause première et avoue l'impossibilité absolue de la soumettre à ses calculs. L'homme ne
peut se former une idée exacte de cette cause,
mais il s'élève jusqu'à elle par la pensée. Toutes
ses facultés réunies ne sauraient embrasser qu'un

seul point de l'espace, et ce point est, pour lui, l'immensité. C'est dans son organisation physique limitée qu'existe l'impuissance à comprendre l'infini.

L'homme de raison sait que l'intelligence humaine a ses bornes infranchissables au delà desquelles toute certitude disparaît et où commence le tourbillon des conjectures. Le spectacle de la partie sensible de l'univers, l'ordre parfait et immuable qui règne partout, la connaissance de quelques-unes des admirables lois de la nature qu'il a pu découvrir, ont développé en lui le sentiment d'une puissance incommensurable, incompréhensible, dont il ne saurait douter, puisque ce sentiment émane de son organisation même.

C'est donc en vain que les philosophes de tous les temps ont employé leur savoir et consumé leurs jours à la recherche de la cause principe; c'est en vain qu'ils ont élucubré d'admirables théories, les unes acceptées comme dogmes, les autres rejetées et oubliées; aucun d'eux n'a pu arriver à une preuve mathématique. Et cela devait être ainsi, parce qu'il nous est impossible d'avoir d'autres idées que celles fournies par nos sens ; — parce que le sens qui nous mettrait peut-être en rapport avec la cause principe nous manque ; — parce qu'enfin telle a été la volonté de l'ordonnateur suprême.

Que dirait-on de l'aveugle-né qui jurerait voir avec ses yeux? Que penserait-on d'un homme qui, privé de ses mains, dès sa naissance, em-ploierait toute son éloquence à nous persuader qu'il fait usage de ses mains? On le prendrait as-surément pour un maniaque. Eh bien, que pen-ser de ceux qui affirment connaître la cause prin-cipe et communiquer avec elle? N'est-ce point vanité bien folle que de courir après l'impossible absolu? L'évidence n'existe-t-elle pas tout entière dans cet axiome : Tant que l'organisation hu-maine persistera dans son mode d'être, les causes premières seront toujours inaccessibles à l'homme? En effet, n'apercevant qu'un point infi-niment petit de l'univers, nous ne pouvons sai-sir que ce que nous voyons, et il nous est im-possible de saisir ce que nous ne voyons pas. Et, ensuite, le mot *entier* n'est-il pas tout à fait im-propre, puisqu'il signifie un tout fini, complet, tandis que l'univers est illimité, infini, comme la cause qui l'a produit? Or, si déjà nous ne pouvons comprendre ce qui est accessible à nos sens, combien nous sera-t-il plus impossible encore d'avoir une idée de ce qui est immatériel, et, par conséquent, au-dessus de nos sens!

Le vrai philosophe, jugeant de la cause par les effets, a le sentiment d'une puissance absolue, d'un être suprême qu'il adore et devant lequel il s'incline. Il sait qu'il est au-dessus, de l'intelligence humaine de se former une idée de cette puissance, et, au lieu de chercher à la définir, il s'humilie devant sa grandeur, chante sa gloire, célèbre sa puissance et espère dans sa justice.

Ame. — Esprit

La plupart des philosophes de l'antiquité, du moyen âge et de notre époque, fort peu versés dans les sciences physiques et physiologiques, ont pensé que la nature humaine était formée de deux substances : l'esprit et la matière, ou l'âme et le corps. Cette opinion fut toujours émise à *priori*, attendu qu'il est impossible d'en donner la preuve sensible. La croyance à l'âme est une cioyance généiale, mais l'universalité d'une opinion n'est point une preuve de véiité incontestable, et la divergence des opinions des philosophes, tant anciens que modernes, sur la natuie de l'âme, est, au contraire, une preuve manifeste de leur profonde incertitude à cet égard; c'est ce que nous verrons tout à l'heure.

AME, du grec *anémos*, *vent*, signifiait, dans l'origine, je souffle, je respire ; ce mot spécifiait la vie. Plus tard, on en fit un être distinct, ψυχὴ, ANIMA, âme ; et, depuis ce moment jusqu'à nos jouis, on a constamment discuté sur ce sujet sans jamais être plus avancé.

Pythagore, Empédocle, Parménide, Héiaclite et Dicéarque entreprirent de piéciser l'idée qu'on devait se former de l'âme par une définition exacte ; ils étudièrent beaucoup, voyagèrent pour s'en instruire ; et, apiès bien des années de voyages et de réflexions, ces philosophes donnèrent des définitions qui toutes différaient entie elles.

Pythagoie avança que l'âme était une harmonie.

Empédocle la compara au feu le plus subtil.

Parménide en fit un mélange de terre et de feu.

Héraclite eut l'opinion d'Empédocle.

Dicéarque, le plus raisonnable de tous, soutint qu'elle n'était autre chose que la vie qui animait le corps.

Anaximène la trouva dans un air très pur;

Zénon et Hipparque, dans un feu subtil;

Démocrite, dans un ether formé d'atomes très déliés.

Thalès la confondit avec la vapeur d'eau.

Épicure vint ensuite assurer que l'âme était une combinaison d'air, d'eau et de vent.

Empédocle s'efforça de prouver que les quatre éléments entraient dans sa composition.

Xénophane la circonscrivit, au contraire, dans les deux éléments terrestre et aqueux.

Crisias la trouva dans le sang le plus pur.

Hippocrate professait que l'âme et les esprits animaux n'étaient qu'une seule et même chose.

Gallisthène, philosophe et musicien, pensa comme Pythagore, et en fit une harmonie des plus simples.

Epictète et Lucrèce prétendirent qu'elle était une réunion d'atomes très ronds et très mobiles.

Athanase, Basile, Méthodius et Tertullien lui

donnèrent un corps Origène, Iénee, Justin mar-
tyr, Théophile d'Antioche et Arnobe, pensèrent
que l'âme avait une étendue formelle.

Augustin, à l'exemple de Chisias, crut que
l'âme se trouvait dans le sang, et donna pour raison qu'elle ne pouvait vivre dans le sec ; preuve
logique irréfutable ?...

Leibnitz et ses disciples lui ont donné le nom
de monade, ce qui signifie un être simple et sans
parties.

Les physiologistes modernes ont presque tous
regardé le cerveau comme le siège de l'âme. Ros-
set, Willis, Stalh, Van Helmont, Ruisch, Vésale,
Bonnet, etc., partagèrent cette opinion. Descartes
lui assignait sa place dans la glande pinéale.

Pascal la logeait fatalement dans le cerveau,
puisque, disait-il, on ne peut concevoir un être
pensant sans tête.

Perrault, Stuart et Thabor enseignaient qu'elle
se tenait dans toutes les parties du corps où l'on
rencontrait des nerfs.

Lancisi, Boutkoe et Lapeyronie écrivirent que
l'âme avait choisi le corps calleux du cerveau
pour y établir son domicile ; — Digey désignait
le *septum lucidum ;* — Drelincourt, le *cervelet ;*

— Wieussens, le *centre ovale;* — Teichmyr, la *cloison transparente.*

Hoffmann, Blancard et Frédérik voulaient que l'âme se tînt dans la *moelle allongée;* — Vaiole, dans la *protubérance annulaire;* — Sœmmeiing et Kant, dans les vapeurs des *ventricules latéraux* de l'encéphale.

On remarquera que cette divergence d'opinions d'hommes réputés intelligents leur fit perdre un temps précieux qu'ils auraient mieux employé autre part; enfin, après avoir placé cette entité (*l'âme*) dans diverses paities du corps, l'avoir déplacée pour la replacer ailleurs, les savants des siècles passés, finirent par ne plus savoir où la loger... triste conclusion.

Il serait fastidieux de relater ici toutes les opinions ielatives à la natuie et au siège de l'âme; il suffira de dire que les anciens lui donnaient une forme, la matérialisaient. Platon fut le piemier qui la spiritualisa. Ce philosophe, néanmoins, admit trois sortes d'âmes : l'une irascible, logée dans la poitrine; l'autie concupiscible, dans les entrailles; la troisième, iaisonnable, siégeait dans la tête. Cette deiniéie âme n'était autre chose que la pensée et faisait partie de l'âme uni-

verselle ; car, selon Platon et ses disciples, tous
les corps ne sont que des parties de la matière
universelle, de même toutes les âmes provien-
nent de l'âme universelle. Nos métaphysiciens
modernes ont emprunté cette idée au philosophe
athénien, et les théologiens auraient beau s'ar-
roger le droit d'invention, il n'en restera pas
moins vrai que la spiritualité de l'âme se trouve
tout entière dans le raisonnement de Platon.

§ II

Les physiologistes et naturalistes de notre
époque, plus raisonnables que leurs devanciers,
se sont abstenus de traiter cette question ; cependant beaucoup d'entre eux, en tête desquels se
placent Cabanis, Helvétius, le savant Lamarck et
Broussais, ont réduit l'entité âme au rôle secon-
daire de fonction organique ; ils ont appuyé leur
assertion sur des preuves contre lesquelles viennent se briser toutes les objections et raisonnements incertains des spiritualistes. Voici un
échantillon du raisonnement de ces derniers :

1.

« Les fluides et les solides qui composent la machine humaine se rencontrent également dans la matière brute ; or, la matière brute étant incapable de raisonner, il est évident que le corps humain n'est qu'un instrument dont le véritable moteur est l'âme ou l'esprit. »

Ce pauvre syllogisme, qu'on ne peut débiter qu'aux séminaristes, n'a, bien certainement, pas été construit par un philosophe naturaliste.

Essayons d'argumenter à notre tour contre nos adversaires, et prenons-les par leurs réponses.

Qu'est-ce que l'âme?

— C'est un pur esprit.

Qu'est-ce qu'un pur esprit?

— C'est une force qui n'a ni forme, ni étendue, ni aucune des qualités de la matière.

Et cette force, quelle est-elle?

— C'est un pur esprit.

Pétition de principe, preuve évidente de la vanité humaine qui cherche à définir l'indéfinissable. Il est impossible, comme nous le verrons plus loin, d'avoir une idée d'une chose qui soit complètement en dehors de nos sens, soit par ses oppositions, soit par ses analogies ; or, l'esprit, l'âme, n'ayant aucun rapport avec ce qui peut frapper nos sens, il en résulte que nous ne saurions en avoir la moindre idée Nous sommes exactement à l'égard de l'âme ce qu'est l'aveugle-né en face des couleurs. Les sophistes nous objecteront qu'une heure est bien quelque chose, quoiqu'elle ne soit point matérielle? Que signifie le mot heure, si ce n'est une mesure de temps parfaitement définie? Il en est de même pour tous les termes qui ne représentent que des qualités subjectives.

Voyons, répondez : l'âme, cette entité que vous avez imaginée pour expliquer la série des merveilleux phénomènes de la vie intellectuelle; l'âme, cet être que tous les moyens de synthèse et d'analyse ne peuvent atteindre, existe-t-elle? Comment vous êtes-vous assuré de son existence.

Je demanderai ensuite à ceux qui prétendent avoir débrouillé le chaos de la psychologie et prouvé la dualité de l'être humain : — Est-ce au moment de la fécondation ou lorsque l'être engendré est à l'état d'embryon que l'âme vient prendre possession de son corps? Reçoit-il cette âme de ses parents, ou est-ce une âme particulière qui le pénètre?

C est un mystère, répondez-vous, qu'il faut admettre sans en chercher l'explication. Cette pitoyable reponse n'est-elle point l'éteignoir de la raison ?

Ce mystère, c'est vous qui l'avez inventé; il n'existe que dans les productions fantastiques de votre imagination. Ce qui n'est pas un mystère pour le physiologiste, c'est que la fécondation et la vivification du germe, la détermination du sexe dans le sein de la mère, les diverses évolutions du fœtus, enfin la parturition et le travail qui l'a provoquée, sont des phénomènes [complètement indépendants de l'âme et doivent être rapportés à une cause générale.

Ce qui n'est pas un mystère, c'est que votre âme éprouve fatalement les mêmes accidents qu'éprouve votre corps. Quand le corps se trouve glacé par un froid rigoureux ou énervé par une accablante chaleur, votre âme ne fonctionne plus comme dans un milieu tempéré. Lorsqu'une blessure au crâne nécessite l'opération du trépan, et que cette opération enlève à l'homme une ou plusieurs de ses facultés intellectuelles ou instinctives, bien certainement votre âme est lésée, puisqu'elle a perdu un de ses moyens. Enfin, dans les diverses maladies qu'éprouve le corps et les différents états par lesquels il passe de la naissance à la décrepitude, bien certainement votre âme subit l'influence de votre corps. Alors, comment expliquez-vous qu'elle possède une existence et une action indépendante? Vous ne répondez point. Mais, si votre âme etait un être distinct, immateriel, son action ne devrait être ni favorisée, ni empêchée par des circonstances qui ne regardent que le corps. Qu'en pensez-vous? — Le corps n'est qu'un instrument.— Mais, pour faire mouvoir cet instrument, il faut une impulsion, un contact ; alors l'immatérialite disparaît? — C'est un mystère... — C'est un mystère! et, par cette fin de non-recevoir, vous croyez avoir vidé la question. Allons donc !

Oui, messieurs les psychologues qui, à l'instar de vos devanciers, vous vous mettez l'esprit à la torture et perdez votre temps, sans aucun profit pour l'humanité, permettez-moi les réflexions suivantes :

Pour disserter sciemment sur ce qu'on est convenu de nommer l'homme moral, il est d'abord indispensable de connaître à fond l'homme physique en s'adonnant aux études anatomiques et physiologiques. Ces deux sciences vous initient à la composition, à la structure, au développement des divers organes de l'économie vivante, ainsi qu'aux diverses fonctions des organes et des relations, plus ou moins intimes, qu'ils ont entre eux. Ce n'est pas tout encore : — pour être philosophe complet, il faut posséder les principales notions des sciences naturelles, telles que physique, chimie, mécanique, météorologie, astronomie, etc., indispensables à tout vrai savant qui veut se lancer dans le domaine de l'analyse et de la synthèse. Sans cette instruction préalable, point de lumières, point de certitude ; des mots, des idées imaginaires, et voilà tout. C'est pourquoi la plupart de nos psychologues, étrangers aux sciences, ont plus ou moins échoué ou déraisonné sur ce sujet. Le savant Képler disait vertement aux théologiens qui s'efforçaient d'attaquer le système de Copernic : «Ces gens-là parlent à tort et à travers sur des matières qu'ils ignorent complètement ; pour comprendre ce système, il faut être savant, et ces messieurs ne le sont point. »

Le philosophe qui prend la science pour base, marche d'un pas plus sûr dans cette voie couverte de ténèbres, et, si ses efforts n'ont pas été couronnés de succès. il est au moins resté dans les limites de la raison, tandis que le psychologue qui se laisse emporter par son imagination et guider par les croyances reçues, loin d'éclairer la question, ne fait que l'obscurcir et accroître le nombre, déja si grand, des rêveries de ses devanciers.

Depuis si longtemps qu'on discute *a priori* sur la nature de l'âme, sans jamais être arrive à une solution satisfaisante, on aurait bien dû s'apercevoir qu'il fallait sortir de l'ornière, pour se mettre en droit chemin. Est-il rationnel de chercher la lumière dans les ténèbres, de vouloir expliquer une obscurité par des obscurités plus profondes encore ? Ce n'est donc pas sans hésitation, sans craintes, que nous osons donner notre opinion basée sur celle des grands naturalistes.

§ III

De la vie universelle

La vie universelle se manifeste par une perpétuelle succession de mouvements coordonnés. —

Les mouvements coordonnés annoncent un moteur intelligent. — Ce moteur ne peut et ne saurait être que la *cause absolue*, principe de toutes choses. — La vie et l'intelligence remplissent l'univers, puisqu'on rencontre partout mouvement et ordre parfait. — Or, la vie individuelle n'étant qu'une émission de la vie universelle, il en résulte que c'est de la vie universelle que sortent toutes les vies individuelles. L'âme n'est donc point un être métaphysique dont on ne peut préciser l'invasion dans l'être matériel engendré; l'âme n'est autre chose que la vie qui se perpétue indéfiniment dans la serie des êtres organisés. La puissance infinie qui vivifia l'univers, a voulu que la vie engendiât la vie. Supprimez cette grande loi, les créations s'arrêtent tout à coup, l'univers se pétrifie, disparaît, et le néant commence.

Dans notre espèce, comme dans toutes les espèces vivantes, une nouvelle vie se manifeste au moment de la fécondation. Cet être nouveau, après avoir parcouru et traversé les diverses évolutions fœtales, arrive au jour; alors, de même que les autres êtres vivants, il croît, se développe jusqu'au moment où il devient apte à transmettre

la vie à de nouveaux êtres qui, à leur tour, la
perpétueront, et toujours ainsi, de telle sorte que
la vie universelle peut être figurée par une chaîne
infinie dont chaque anneau représente une vie
individuelle.

§ IV

De la vie individuelle

De nombreuses définitions de la vie ont été
proposées, les unes plus ou moins satisfaisantes,
les autres insignifiantes et en dehors de la science;
nous nous arrêtons à celle-ci :

La vie est un phénomène donnant lieu à une
série d'autres phénomènes qui, dans les corps organisés, se succèdent pendant un temps limité.
La cause du premier phénomène nous est absolument inconnue.

Tout être vivant possède la structure particulière à son espèce et à son organisation propre;
chacun de ses organes a sa fonction et son but. A

partir du jour où il naît jusqu'au moment où il
meurt, il parcourt une série de transformations
tout à fait indépendantes de sa volonté. Son existence est subordonnée à une foule de circonstances qui l'entretiennent ou la ruinent, et l'on
peut avancer avec quelque certitude que, depuis l'apparition de la vie individuelle sur le
sphéroïde terrestre jusqu'à nos jours, les transformations végétales et animales ont été aussi
nombreuses que variées; une foule d'espèces et
de races ont disparu; beaucoup disparaîtront encore et seront remplacées par d'autres ; car la vie
marche toujours et ne s'éteint jamais. La vie n'est
point exclusive à notre planète ; elle remplit,
féconde tous les corps célestes, sous d'autres
formes qu'il nous est impossible d'imaginer ; elle
se perpétue indéfiniment, et les philosophes naturalistes la considèrent comme une des lois de
l'univers.

A ceux qui en douteraient, nous dirions : Consultez le grand livre de la nature, autrement véri-
dique, autrement exact que toutes vos conceptions
humaines, et dans les profondes déchirures de
l'écorce terrestre faites par les cysmes, les oura-
gans ou la main des hommes, vous y lisez l'his-

toire des races, des générations enfouies, et dont les milieux actuels ne sauraient plus entretenir l'existence. A ceux qui douteraient du pouvoir départi à la nature, par son sublime auteur, de produire de nouveaux êtres, de nouvelles races pour les en convaincre, nous emprunterions à la philosophie zoologique les passages suivants :

« Parmi les changements que la nature exécute sans cesse dans toutes ses parties, son ensemble et ses lois restant toujours les mêmes, ceux de ces changements qui, pour s'opérer, n'exigent pas beaucoup plus de temps que la durée de la vie humaine sont facilement reconnus de l'homme qui les observe ; mais il ne saurait s'apercevoir de ceux qui ne s'exécutent qu'à la suite d'un temps considérable. Que l'on me permette la supposition suivante pour me faire entendre :

» Si la durée de la vie humaine ne s'étendait qu'à la durée d'une seconde, et s'il existait une de nos pendules, montée et en mouvement, chaque individu de notre espèce qui considérait l'aiguille des heures de cette pendule, ne la verrait jamais changer de place dans le cours de sa vie, quoique cette aiguille ne fût réellement point stationnaire. Les observations de trente

générations n'apprendraient rien de bien évident
sur le déplacement de cette aiguille ; car, son
mouvement n'étant que celui qui s'opère pendant
une demi-minute, serait trop peu de chose pour
être bien saisi ; et, si des observations beaucoup
plus anciennes apprenaient que cette aiguille a
réellement changé de place, ceux qui en verraient
l'énoncé n'y croiraient pas, et supposeraient quelque erreur, chacun ayant toujours vu l'aiguille
sur le même point du cadran. »

Nous laissons le lecteur au milieu des réflexions
qui pourront lui être suggérées par l'examen de
cette comparaison.

§ V

Des êtres vivants

Le corps des êtres vivants est un mystérieux
laboratoire où s'accomplit l'inexplicable travail
de la vie, où chaque organe retire du sang et s'ap-
proprie sa part nécessaire de sucs nutritifs, puis

les transforme en diverses humeurs. Par quelle tamisation ou filtration, par quelle décomposition chimique a lieu ce merveilleux travail? Nous l'ignorons. On explique cependant le phénomène de l'*hematose,* ou transformation du sang noir en sang rouge, par la présence de l'oxygène dans le poumon. Ne se passerait-il pas quelque chose de semblable dans les autres organes ; mais au lieu d'oxygène, serait-ce un autre fluide; le fluide *électro-nerveux,* par exemple? — La physiologie n'a pas encore vérifié ce fait, qui, une fois démontré, rendrait facile l'explication du travail de chaque organe et des diverses transformations organiques.

La chimie, cette science si utile et dont il serait à désirer que tous les hommes connussent les éléments, la chimie nous apprend que partout, dans le règne minéral comme dans les règnes végétal et animal, on retrouve les mêmes lois moléculaires fixes, invariables. La substance des nerfs, de même que la substance des autres solides et fluides des corps vivants, sont composés de molécules simples qui se groupent par l'affinité chimique; puis, la force vitale donne la forme et la vie. Soustraites à la force vitale, les molécules

n'obéissent plus qu'aux forces chimiques, et ne
tardent pas à être désagrégées par les agents extérieurs, la lumière, l'électricité, la chaleur, etc.
Lorsque le groupement des molécules organiques
s'est opéré d'une manière parfaite, les organes
formés par ces groupements jouissent de la force,
de la beauté, et leurs fonctions s'exécutent facilement. Mais, si les groupements formateurs ont
été contrariés par des influences nuisibles intérieures ou extérieures, les organes en éprouveront
nécessairement une atteinte funeste dans leur
développement et l'exercice de leurs fonctions.
C'est ce que nous voyons tous les jours chez les
êtres malingres et contrefaits.

§ VI

Fluide vital. — Fluide nerveux

Nous avons dit que la vie se manifestait par
une série de phénomènes dans les corps organisés;
mais, pour que cette succession de phénomènes

ait lieu, il faut que les corps organisés reçoivent l'impulsion, le mouvement; or, cette force motrice, nous la trouvons dans le fluide universel ou vital.

Le fluide vital, entrevu par les philosophes de tous les temps, reçut différents noms qui exprimaient la même idée : principe vital, cause de la vie, impulsion, éther, fluide universel, force vitale, etc., etc., ce qui signifie que ce fluide invisible, impondérable, est le moteur de la vie dans le règne végétal et animal ; car, sans ce moteur, point de mouvement, point de vie.

Il est très probable que la matière vivante est partout pénétrée de ce fluide. Chaque individu est organisé pour le recevoir et le modifier de la manière la plus convenable à son existence. Le fluide vital ou universel, modifié par les organes de l'économie animale, prend le nom de *fluide nerveux*. La vie de l'animal est subordonnée à la présence de ce fluide, dont le juste équilibre constitue la santé, et dont la privation complète entraîne la mort. Le fluide nerveux, de même que tous les corps simples, est indécomposable. C'est par le système ou appareil nerveux que la circulation de ce fluide a lieu dans toutes les parties du corps.

Le système nerveux est formé de cordons, de filets, de ramuscules, qui se divisent à l'infini, de manière à envelopper dans leur réseau toutes les surfaces et pénétrer dans tous les organes ; ses innombrables ramifications forment pour ainsi dire au corps une atmosphère nerveuse. Les cordons et filets nerveux, n'étant point creusés d'un canal, remplissent très probablement le rôle de conducteurs du fluide vital et transmettent l'impression au cerveau à la manière du télégraphe électrique.

§ VII

Du cerveau

Le cerveau est composé de deux substances : l'une extérieure, grise ; l'autre intérieure, blanche. La somme des facultés intellectuelles est toujours en rapport avec la quantité de substance blanche. L'émission nerveuse cérébrale, ou la pensée, est d'autant plus active, plus étendue, que le cerveau

est mieux conformé et que ses fonctions s'exécutent d'une manière plus parfaite.

La *moelle épinière*, que les anatomistes considèrent comme un prolongement du cerveau, est
formée par la réunion de filets nerveux accolés
les uns aux autres, et donnant naissance à des
cordons qui distribuent, de tous côtés, leurs ramifications.

Le cerveau est le foyer où aboutissent toutes
nos sensations ; la protubérance annulaire et la
moelle épinière sont la source de la sensibilité et
des mouvements. Ainsi les mouvements involontaires dépendent de la moelle spinale, et la faculté,
qui dirige ces mouvements émane du cerveau,
d'où la distinction en nerfs du sentiment et nerfs
des mouvements (1).

Tous les corps sont électrisés et contiennent,
par conséquent, du fluide électrique ; notre globe
et son atmosphère sont les grands réservoirs de
ce fluide. Les cordons nerveux dont nous venons
de parler sont, pour les animaux, les conducteurs
du fluide nerveux ou fluide électrique modifié. Si

(1) Le lecteur trouvera la description claire et concise du
système nerveux dans l'*Hygiene des douleurs.*

le magnétisme terestre n'est qu'une modification du fluide électrique ou universel, pourquoi le fluide nerveux ne serait-il point ce même fluide modifié par l'appareil organique de la machine animale? Cette opinion n'a rien de paradoxal et mérite attention. (Voyez l'explication de cette théorie dans l'intéressant ouvrage intitulé : *Mystères du sommeil et du magnétisme.*)

Bien loin d'être une hypothèse, l'existence du fluide nerveux a été démontrée par une serie de curieuses expériences qui effacent tous les doutes; nous renvoyons, pour s'en convaincre, aux ouvrages spéciaux. La quantité du fluide nerveux varie selon le volume des cordons et renflements nerveux, selon la nature du tempérament et l'âge des individus.

Le fluide nerveux se manifeste, chez l'homme, par deux mouvements opposés. Dans la sensation, le mouvement a lieu de la circonférence au centre, ou, pour parler physiologiquement, l'objet ayant frappé les extrémités nerveuses de l'appareil sensitif, l'agent nerveux communique instantanément l'impression au cerveau.— Dans les mouvements qui dépendent de la volonté, le phénomène a lieu en sens inverse : l'agent nerveux part du

cerveau et arrive instantanément à la circonférence ou aux parties qui doivent agir. Tel est, en
résumé, le mécanisme secret des actes ou mouvement volontaires et involontaires.   .

Le fluide nerveux cérébral, selon qu'il est éla-
boré par telle ou telle partie du cerveau, donne
lieu à diverses manifestations : ainsi, les lobes
antérieurs produisent la conception, le raisonnement, la volonté, le langage, etc. ; — le travail de
la mémoire se fait dans la partie inférieure des
mêmes lobes ;— la portion supérieure du cerveau
fournit les sentiments ou besoins de la vie affec-
tive ; — les régions latérales et postérieures servent de laboratoire aux instincts. Cette localisa-
tion n'est point illusoire ; elle reste désormais
comme un fait acquis à la science. Donc, le fluide
nerveux se modifie en circulant à travers les
nombreuses circonvolutions du cerveau, et de ses
modifications naissent les phénomènes intellectuels et sensoriels. Une ou plusieurs circonvolutions viennent-elles à être lésées ou détruites, les
facultés correspondantes sont également lésées
ou détruites ; d'où l'on est en droit de conclure
que la vie intellectuelle est le résultat des fonctions cérébrales, de même que la vie animale est

celui de toutes les fonctions organiques de la machine humaine.

Que le fluide nerveux soit émané du fluide universel, ou qu'il ne soit que le fluide electrique
lui-même, modifié par nos organes, toujours est-
il que son existence nous est rendue sensible par
ses effets, et que, si vous le supprimez, la vie et
l'intelligence cessent simultanément.

Au moyen de l'âme, vous prétendez tout expliquer. C'est une erreur; vous n'expliquez rien.
Lorsque la science abstraite crée une hypothèse,
établit un principe, il est nécessaire que tous les
faits qui doivent en découler n'éprouvent aucun
obstacle, aucune altération dans leur cours, et,
depuis le premier jusqu'au dernier, s'accordent
parfaitement avec le principe; sans cela, l'hypothèse est rejetée comme nulle. Examinez si tous
les faits, toutes les circonstances de la vie s'accordent avec le principe âme. Vous vous apercevrez
qu'en mainte et mainte circonstance, l'âme d'aujourd'hui n'est plus celle d'hier; qu'elle subit
toutes les variations de santé, de maladie et
toutes les agitations nerveuses du corps; tantôt
elle est présente au logis, tantôt elle est absente;
elle naît, se perfectionne et se dégrade avec le

corps, participe à toutes ses phases, éprouve toutes ses altérations, etc., etc., et dans la folie que devient-elle? La question est très embarrassante; tandis que, si à votre hypothèse vous substituez le principe vital, qui est un fait;.si vous admettez que l'âme c'est la vie, alors vous trouvez l'explication logique de tous les phénomènes qui se succèdent depuis la naissance jusqu'à la mort.

Veuillez abandonner un instant le domaine des abstractions pour celui des faits, et observez attentivement ce qui se passe dans ce dernier, Vous y verrez que la vie et ses manifestations sont d'autant plus variées, plus étendues, que l'organisation est plus avancée, plus complète. En partant du zoophyte pour arriver à l'homme, vous trouverez dans cette immense échelle des êtres vivants une admirable gradation des instincts et de l'intelligence toujours en rapport avec le degré de perfection des organes. Lorsque vous serez arrivé au sommet de l'échelle, occupé par l'espèce humaine vous reconnaîtrez, en l'étudiant, que l'homme ne fait point exception à la grande loi du progrès; car il vous offrira, comme les autres animaux, un développement instinctif et individuel toujours en rapport avec la conforma-

2.

tion de ses organes et l'exercice de leurs fonctions. Alors vous saurez pourquoi le principe intelligent veille ou dort, est présent ou absent;
pourquoi il subit l'influence des âges, de la santé, de la maladie et de toutes les altérations qu'é-
prouve le corps; pourquoi la démence, l'imbécil-
lité, la folie... Enfin, vous saurez comment le
principe intelligent se dégrade, s'affaisse aux ap-
proches de la mort et disparaît avec la vie. Que
voulez-vous savoir de plus?... — La cause première de tout cela... Votre raison ne vous a-t-elle
point fait sentir l'absurde vanité de ce désir, et
ne craignez-vous pas de ressembler à cet enfant
qui demandait un morceau de la lune, s'imagi-
nant qu'elle était un fromage.

§ VIII

Cause principe. — Corps simples

Quelques efforts que fassent les psychologues
pour combattre les vérités physiologiques, il n'en

restera pas moins vrai que le fluide nerveux est
la cause immédiate du mouvement vital. — Mais
la cause de cette cause? — Quel fol excès de cu-
riosité! Vous voudriez donc tout savoir?... Alors
vous en sauriez autant que le souverain maître;
c'est ce qu'il n'a pas voulu; et c'est ce que vous
ne saurez jamais, du moins ici-bas, puisque sa
volonté est immuable dans le sens le plus absolu.
Si, au lieu de surexciter votre imagination pour
tirer des idées qui n'ont aucun rapport avec les
choses existantes; si, au lieu d'errer sans cesse
dans l'inconnu et de perdre votre temps à ergoter,
à alambiquer les mots, vous l'employiez à l'étude
des sciences, alors la raison vous ramènerait à
cette grande vérité :

Les causes premières échapperont toujours à
l'investigation humaine; nous ne pourrons jamais qu'apprécier les causes secondaires, c'est-à-
dire les phénomènes qui frappent nos sens. La
nature humaine dans son essence nous est aussi
inconnue que l'essence de toutes choses, et c'est
aboutir à rien, c'est déraisonner, que de vouloir
expliquer l'inconnu par l'inconnu.

Quant aux phénomènes accessibles à nos sens,
c'est tout à fait différent : l'étude, l'observation

des faits, l'expérience, nous conduisent à un résultat certain. En voyant un morceau de marbre, nous savons qu'il réunit certaines propriétés générales inhérentes à la matière, l'étendue, la divisibilité, la porosité, etc. La chimie nous apprend ensuite que le marbre est un carbonate de chaux, c'est-à-dire un corps composé de chaux et d'acide carbonique. Si l'on demande ce que c'est que la chaux, on répond : C'est du protoxyde de calcium, c'est-à-dire la combinaison du métal nommé *calcium* avec le gaz oxygène. Mais, si vous poursuivez vos questions et demandez : Qu'est-ce que le gaz oxygène ? Qu'est-ce que le calcium ? on vous répondra : Ce sont des corps simples ou du moins considérés comme tels, parce que la science n'est point parvenue à les décomposer ; et, si elle parvient demain à décomposer un corps considéré comme simple aujourd'hui, la difficulté, loin d'être vaincue, sera multipliée ; puisqu'à la place de ce corps simple, elle en aura plusieurs provenant de sa décomposition, et qui, à leur tour, pourront être décomposés, jusqu'à ce que l'analyse arrive à la cause principe, ce qui est physiquement impossible. Les corps simples jouent un grand rôle dans la nature, puisque leurs com-

binaisons variées ont produit tout ce qui existe.
— *Corps simples*, CAUSE PRINCIPE, sont la limite
de nos connaissances ; l'intelligence humaine s'ar-
rête là. L'essence des choses nous est cachée sous
un voile impénétrable. Les mots *esprit*, *âme*, ne
sont que des termes abstraits qui constatent notre
impuissance, et au moyen desquels nous cherchons à surmonter un obstacle infranchissable.

CHAPITRE Ier

DE L'HOMME

L'homme existe, voilà le fait; d'où lui vient la vie? C'est l'inconnu; par l'inconnu, nous entendons la CAUSE PRINCIPE, à laquelle nous croyons et devant laquelle tout philosophe s'incline. — L'homme présente une organisation physique semblable, hormis quelques différences, à celle des animaux vertébrés; mais, à l'exclusion de tous, il possède la parole, ce merveilleux instrument de progrès et de perfectionnement, qui l'a rendu le plus intelligent de tous les êtres. La supériorité de l'homme sur les autres créatures existe tout entière dans la conformation de son cerveau et de son larynx; c'est à cette conformation spéciale que se trouve attaché le privilège de transmettre les impressions qu'il reçoit et les idées qui en naissent. Les animaux reçoivent, comme lui, les diverses impressions compatibles avec leur organisation ; mais, la transmission par la parole leur étant interdite, leurs idées sont toujours les mêmes, et leurs instincts seuls peuvent se perfectionner. La précieuse faculté du langage est donc pour l'homme la cause efficiente, absolue, de ses progrès dans l'ordre physique et intellectuel. — Les premiers hommes qui peuplèrent la terre, peu différents de la brute, transmirent leurs impressions et leurs idées à leurs enfants ; ceux-ci en acquirent de nouvelles qu'ils transmirent de même à leur progéniture, et successivement ainsi jusqu'à nous. La faculté de parler a donc ouvert la voie de progrès dans laquelle marche incessamment l'humanité. Supprimez le langage aux hommes primitifs, le progrès intellectuel disparaît, les instincts se développent, et l'homme ne diffère des autres animaux que par la forme ; l'histoire des enfants abandonnés au milieu des bois et vivant avec les brutes, nous en fournit la preuve convaincante. (Voyez, à ce sujet, l'*Histoire naturelle de l'homme et de la femme*, du même auteur.)

§ I

Des sens et des sensations. —
Des idées

·Des sens. — Les sens doivent être considérés comme la cause unique, absolue, de nos idées ; il faut avoir senti, vu, dégusté, odoré, entendu, avant qu'une idée relative à ces opérations ait pu naître au cerveau.

L'appareil sensoriel est une condition indispensable de l'existence physique et morale, la négation absolue des sens est incompatible avec la vie.

L'être privé d'un ou de plusieurs sens est complètement privé du cercle d'idées fournies par ces sens, lorsque cette privation date de sa naissance.

Le sens le plus étendu, le plus général, chez les êtres vivants est celui du tact ; on le retrouve aux deux extrémités de l'échelle animale, chez l'homme et chez le zoophyte.

De même que les autres organes de l'économie,

les sens se développent par l'exercice. A la délicatesse des sens se rattache toujours la netteté et la vivacité des impressions. Plus un sens est exercé, plus sa fonction acquiert d'étendue, mieux la sensation est appréciée. Dans l'exercice des sens il faut toujours éviter les extrêmes, c'est-à-dire les excitants trop forts qui émoussent la sensibilité, ou l'inaction prolongée qui donne le même résultat. L'éducation des sens est d'une haute importance, puisque le développement de l'intelligence est en partie dû au perfectionnement de ces précieux instruments de nos idées, de nos connaissances (1).

§ II

Des sensations

La sensation, en général, peut se définir ainsi : — Une impression nerveuse qui, du point frappé, se communique instantanément au cerveau.

(1) Voyez l'*Hygiene des Plaisirs* où sont indiqués les divers moyens propres a perfectionner les organes des sens.

Le mécanisme de la sensation se compose de *l'objet*, ou excitant, *du nerf conducteur* et du *cerveau*. — De la sensation reçue à la sensation perçue, on distingue trois temps : d'abord l'impression sur le nerf produite par l'excitant ; puis la transmission, par le cordon nerveux, au cerveau ; enfin la perception dans l'organe encéphalique, ou la formation de l'idée.

§ III

Des idées

Toute idée a donc pour moteur une sensation quelconque, soit médiate soit immédiate. — Les idées *concrètes*, c'est-à-dire produites par les objets, naissent les premières ; viennent ensuite les idées *abstraites*, engendrées par les idées concrètes ; ces deux ordres d'idées ont une source commune, la sensation. — Les idées abstraites dérivent d'une foule d'analogies, de rapprochements, de rapports, de connexions, d'inductions

qui ont toujours pour point de départ l'idée concrète. Ainsi l'idée de *vertu* est le résumé de tous
les actes vertueux. — L'idée de *fini* a donné naissance à celle d'*infini*. — La connaissance d'une
durée limitée a produit l'idée d'*éternité* ou durée
sans limites. Toutes les idées abstraites fournies
par la géométrie et les sciences mathématiques,
ont leur première source dans les formes, les
figures, les nombres, etc. D'abord, et toujours
l'idée concrète, ensuite l'idée abstraite ; si vous
supprimez l'une, l'autre n'a jamais existé.

On peut encore diviser les idées en simples et
complexes. Les premières viennent naturellement
des sensations : la vue d'un chien, d'un mouton,
fait naître une idée simple ; la vue d'un trou-
peau, des chiens et des bergers qui le gardent,
fait naître des idées complexes. Cette démonstration prouve que l'idée n'est point un être métaphysique, mais bien un être purement organique.
Tout cela est d'une vérité triviale, a dit un philosophe, mais il est nécessaire de répéter souvent
cette vérité, car les erreurs contraires sont plus
triviales encore.

Nous venons de dire que toute idée naissait
d'une sensation ; or, la sensation implique un ap-

pareil sensoriel pour être perçue. Chez le fœtus point d'organes complets et partant point d'idées; il vit dans le sein de la mère de la vie animale ; il absorbe les sucs animaux de même que le végétal absorbe les sucs terrestres. Les organes du fœtus se développent peu à peu ; son appareil sensoriel incomplet ne saurait fonctionner encore ; ce ne sera qu'après la naissance que ses sens seront impressionnés chacun à leur tour, et de ces impressions jailliront les idées *concrètes;* plus tard se développeront les idées *abstraites*, mais à la condition que les premières auront ouvert la route. Ce n'est qu'avec le temps, l'expérience et le milieu social dans lequel l'homme vit, que se développent et s'étendent ses idées, ses connaissances et ses facultés, parce qu'il possède en lui, des organes préparés pour les lui procurer.

Quant aux prétendues *idées innées,* il y a déjà longtemps que la raison les a reléguées dans le domaine des fables, habité par l'imagination. Dans un très remarquable ouvrage intitulé : *De l'usage et de l'abus de l'esprit philosophique* , M. J -E. Portalis a complètement réfuté le système de Kant sur les idées *a priori.*

« Nous voyons par l'expérience de tout le monde

que les idées ne s'acquièrent que successivement;
que l'enfance est plus susceptible d'impressions
qu'elle n'est capable d'idées ; que les raisonnements et les pensées de la jeunesse ne sont point
les raisonnements et les pensées de l'âge mûr ;
qu'enfin les facultés intellectuelles se déploient et
se fortifient par l'exercice et par l'âge. Nous con-
cluons que nos idées ne sont point innées et qu'il
n'existe, pour tout ce qui les concerne, aucun
principe *a priori* autre que ce germe, ce principe
général d'intelligence qui nous rend aptes à les
former. Ce germe, ce principe, c'est le cerveau.
Le philosophe de Kœnigsberg, étranger à la
science physiologique, prétendait que l'entendement existait avant toute connaissance; comme
l'*œil* existe avant tout regard, et l'*ouïe* avant
l'audition de tout son, de tout bruit déterminé;
prétention erronée.

» Soyons de bonne foi ; pouvons-nous représenter une chose dont il n'existerait aucune trace
connue? Avons-nous l'idée d'un sixième sens ?
Dans les choses existantes pouvons-nous voir au
delà de leurs qualités sensibles? Il ne s'agit pas
de bâtir des systèmes à la manière de Kant, il
faut observer les faits. On ne peut nier que l'en-

fance ne soit le début de la vie humaine ; or, dans le premier âge la tête est-elle meublée d'idées abstraites ? Un enfant donne-t-il des signes autres que ceux des sensations qu'il éprouve et des idées que ces sensations font naître ?... Les abstractions ne viennent que lorsque la masse des connaissances augmente et que le besoin de leur emploi se fait sentir. Dans toutes les langues, les mots destinés à exprimer les généralités et les choses abstraites sont les derniers en date, et l'on sait que la génération des mots suit celle des idées. La parole est la physique expérimentale de l'esprit ; donc, les idées abstraites ne sont que des idées que l'on acquiert après les idées concrètes. »

A mon tour, je me permettrai ces réflexions : Bien que Kant réunît toutes les connaissances qu'on pouvait posséder à son époque, en histoire, en philosophie, en physique et en astronomie, on ne saurait nier que les sciences naturelles étaient alors fort incomplètes, et que les savants se trouvaient, par cela même, induits en de graves erreurs. Pendant tout le temps que Kant s'adonna aux sciences physiques, il fut ennemi de la psychologie ; plus tard, son esprit ardent se lança dans les profonds abîmes de la métaphysique où Leibnitz l'avait devancé, et il enfanta son fameux système, accepté par les uns et rejeté des autres. D'après le système de Kant, les idées distinguées en *subjectives* et *objectives* se trouvent être, par le fait, toutes subjectives, puisque nous n'aurions aucun moyen d'arriver à la connaissance complète d'un objet sans les rapports que distingue notre intelligence. Forcé de graduer les lois intellectuelles sur la complication des rapports qu'elles déterminent, notre philosophe a établi une foule de *catégories* qui embarrassent et où l'on se perd. Ainsi il donne une catégorie pour l'*unité*, une autre pour la *pluralité*, une troisième pour la *totalité*, etc., etc., jusqu'à douze !... Il faut avouer que, au lieu de simplifier, il a singulièrement compliqué la besogne. Kant plaçait les divisions, de *temps* et d'*espace* au premier rang des *formes* imposées à l'intelligence humaine. L'arithmétique et la géométrie étaient en nous et non hors de nous, de telle sorte que, la terre n'étant point géométriquement constituée, si les hommes venaient à disparaître de sa surface, avec eux disparaîtraient les rapports d'étendue, de durée, etc., etc.; d'où il faudrait conclure que c'est l'intelli-

gence de l'homme qui fait les lois de l'univers.
Ceci est fort bizarre ; mais nous, qui n'avons aucune autorité dans ces questions, nous avouons
naïvement que le moindre défaut du système
kantiste est d'être arbitraire d'abord, et puis de
vous jeter dans un dédale si compliqué, si obscur,
que le pauvre lecteur reste étouffé sans profit.

En donnant ainsi notre opinion, nous sommes
bien loin d'attaquer les personnes qui se livrent
aux spéculations métaphysiques ; nous croyons,
au contraire, qu'elles s'élèvent aux plus haut degré
de la science. En effet, la science abstraite ne s'oc-
cupe que de la recherche des principes ; pour elle,
l'étude des phénomènes et des faits isolés n'est
qu'accessoire, mais, avant de se lancer à la découverte des principes, il faut que le philosophe
possède la clef des sciences physiques ; car, sans
elle, il ne pourra que se perdre dans le domaine
des abstractions. — Les principes ne s'offrent
point d'eux-mêmes et ne se déduisent pas de
l'observation commune ; la complication des raisonnements, la longueur et la difficulté des calculs
qu'exige leur application, sont tels, qu'on doit
considérer la science abstraite comme le privilège
de quelques hommes doués d'une organisation

3.

cérébrale particulière et profondément versés dans les sciences physico-mathématiques ; d'où il résulte que peu d'hommes, même instruits, sont aptes à comprendre les travaux de ces savants exceptionnels ; mais on peut admirer la conséquence rigoureusement vraie de leurs calculs dans l'application. — Remarquez bien que les travaux des savants dont nous parlons se rapportent exclusivement aux lois générales de la nature, et ne traitent ni de l'âme individuelle ni de la physiologie humaine ; nous ne serons donc point condamné par eux.

Cet hommage rendu à la science abstraite, continuons notre voyage sur l'océan psychologique où tant d'autres, avant nous, ont été engloutis, et dont nous partagerons inévitablement le sort.

CHAPITRE III

FONCTIONS CÉREBRALES. — FACULTES INTELLECTUELLES

Inutilité d'un être métaphysique pour expliquer leur mécanisme

La vie marche et ne s'entretient qu'à la condition que l'être réparera les pertes qu'il fait incessamment. Chaque organe de l'économie vivante est doué d'une fonction particulière, et toutes ces fonctions réunies concourent au même but, l'entretien de la vie. La fonction de l'estomac est de digérer ; celle des conduits chylifères est d'élaborer les sucs nutritifs, préparés par la digestion, de les porter dans la masse du sang, qui diminue constamment pour fournir à tous les organes, et se renouvelle sans cesse par la nutrition. Le pou-

mon sert à l'*hématose* ; le foie sécrète la bile, etc..
etc.; chaque organe remplit sa fonction, et le cerveau, que fait il ?

— Le cerveau est l'instrument de l'âme, disent
les spiritualistes.

— Mais, encore une fois, qu'est-ce que l'âme ?

— On ne peut la voir, mais on la sent.

— Et à ceux qui ne la sentent pas, comment la
ferez-vous sentir ?... Pourquoi ne pas avouer que
toute démonstration de cette nature est impossible ? Avouez aussi que tout ce que créé l'imagination, est en dehors de toute preuve physique,

Pour nous, il est évident que, si tous les organes ont une fonction à remplir, le cerveau doit
aussi avoir la sienne. La fonction cérébrale relative aux sens est admise sans conteste ; celle relative à l'intelligence trouve encore des incrédules,
et pourquoi ? Parce que le spiritualisme ne veut
point que le cerveau fonctionne, et parce qu'il ne
le veut point, le cerveau restera stérile : étrange
conclusion ! Nous devons nous estimer fort heureux que la direction du monde ne soit point
entre les mains de ces idéalistes.

Le scalpel de l'anatomiste a parfaitement isolé
toutes les paires de nerfs, toutes les circonvolu-

tions cérébrales, et la physiologie, qui n'a pas dit son dernier mot, est d'accord sur ce point qu'il est des nerfs pour la vie physique ou animale et d'autres nerfs pour la vie intellectuelle ou morale; que les nerfs qui président aux mouvements volontaires ne sont point ceux des mouvements involontaires.

On sait aussi que, lorsqu'une impression affecte un ou plusieurs de nos sens, le cordon nerveux, faisant office de télégraphe électrique, transmet instantanément cette impression au cerveau, qui la perçoit. Alors, selon le degré de perfection de l'organe cérébral, selon son aptitude et sa délicatesse, les idées naissent plus ou moins parfaites, plus ou moins fécondes. Si le cerveau est peu exercé, obtus, grossier, mal conformé, les perceptions sont imparfaites, obscures, et les idées partagent cette imperfection, cette obscurité.

La sensibilité et ses divers modes de manifestation découlent directement de la fonction nerveuse, d'où il ressort que les facultés intellectuelles sont une émission, un effet, et non une cause. La projection de la volonté d'un être sur un autre, n'est-elle point une émission nerveuse?

Les faits de projection semblable sont trop multipliés pour qu'on puisse les nier. Mais, s'il est
vrai, et nous le croyons, que le mouvement des
tables soit imprimé et dirigé par la volonté, ce
sera la preuve la plus palpable de la nature flui-
dique des diverses facultés intellectuelles. (Voyez,
à ce sujet, les *Mystères du magnétisme*, 6ᵉ édition,
où sont relatées des observations très remar-
quables sur la *boulitodynamie* ou puissance de la
volonté.) Or, si les opérations attribuées à l'âme
ne sont que des mouvements physiologiques ; si
tous les phénomènes de l'intelligence se tradui-
sent par des émissions cérébrales, n'est-il point
naturel de considérer le cerveau comme le foyer
où s'allume la pensée et d'où jaillissent les facultés intellectuelles ? — Et l'âme ? — L'âme n'est
plus qu'une pièce inutile, une superfétation. —
Vous attaquez l'immortalité de l'âme ! s'écrie-t-
on ; vous sapez la croyance la plus douce, la plus
consolante. — Loin de nous, bien loin de nous
cette pensée ! Nous déclarons ne vouloir rien sa-
per, rien détruire ; nous cherchons tout simplement à vous prouver qu'il est bien inutile d'ajouter une cinquième roue à une machine lorsqu'elle
marche parfaitement avec quatre. Et puis nous

savons que l'univers et la vie qui le féconde n'est point l'ouvrage du hasard ; nous avons la conviction que la puissance suprême a eu un but en coordonnant son œuvre ; nous croyons, avec raison, que tout ce qui existe sur notre grain de sable, je veux dire notre planète, même les insectes incommodes qui vous piquent et que vous écrasez, ont aussi leur but, comme vous avez le vôtre ; mais ce but final, vous l'ignorerez toujours, à moins qu'il ne plaise à l'auteur de toutes choses de vous l'apprendre. Je pense donc qu'il est beaucoup plus sage, en attendant ce jour, d'avouer notre ignorance, de nous humilier devant cette puissance suprême, d'espérer et de vénérer : l'*espérance* et la *vénération*, je ne sais si vous le savez, se trouvent au nombre des pièces qui composent notre cerveau, et leurs fonctions ont la durée de la vie.

Nous gardons un silence absolu sur l'immortalité de l'âme ; que ce dogme soit ou non une vérité, nous admettons que la croyance dans une autre vie où l'on reverra ceux qu'on a aimés et qui vous ont aimé, est, pour le moribond, la plus douce des consolations. Pour eux, lorsque la vie du corps est éteinte, l'âme s'envole sur les ailes de l'espérance. Cette croyance console, on doit la respecter.

Qu'on nous pardonne cette digression, qui doit être considérée comme une protestation contre ceux qui nous prêteraient des doctrines subversives. — Revenons à notre sujet.

Sans cerveau, point de vie ; cette proposition ne trouvera point certainement de contradicteurs. — Le fœtus acephale (sans tête) ne voit le jour que pour mourir aussitôt. — L'âme, prise pour la faculté pensante, n'existe point chez le nouveauné, qui n'apporte, à son arrivée dans la vie, que l'instinct de succion. — Elle est momentanément suspendue dans les maladies graves. — Pendant le sommeil, le délire, la folie, l'âme perd le pouvoir de diriger l'individu ; — et, dans l'extrême vieillesse, l'âme participe à la décrépitude du corps, ce qui n'est point le cas d'un être immatériel. Ces divers états et modifications de l'intelligence s'expliqueront d'une manière très logique si vous substituez l'organe cérébral à l'âme. D'une autre part, il est impossible de nier que l'existence et l'action de l'âme individuelle ne soit subordonnées à l'existence et à l'action du corps de l'individu ; d'où cette conséquence : un être qui ne peut exister et agir que selon l'action et l'existence d'un autre être n'a pas d'existence propre. — L'arrêt de développement du cerveau coïncide toujours avec l'idiotie. — La lésion des régions antérieures du cerveau entraîne généralement la faiblesse et quelquefois la perte d'une ou plusieurs facultés. De même il peut arriver qu'une lésion cérébrale, survenue accidentellement chez un idiot, fasse éclore l'intelligence nulle jusqu'alors ; les exemples de ce fait ne sont point rares. Ce réveil intellectuel arrive lorsque la lésion change le mode vicieux d'être de l'organe encéphalique, et donne aux fonctions enrayées leur cours naturel. Enfin, tout ce qui agit sur le cerveau de manière à favoriser son développement physique favorise en même temps son développement moral, *et vice versa*. Si les divers degrés de développement ou d'arrêt des facultés intellectuelles dépendaient de l'âme, il faudrait admettre qu'il existe des âmes intelligentes et des âmes stupides, des esprits savants et des esprits ignorants, etc., ce qui ne serait nullement en faveur des esprits.

§ I

De l'intelligence

Par le mot intelligence, on entend la réunion des facultés intellectuelles dont le nombre a été restreint ou multiplié, selon les différents systèmes ; on peut les réduire à trois :

Sensation, ou faculté de sentir, d'être impressionné ;

·**Mémoire**, ou faculté de se ressouvenir ;

Jugement, ou faculté de juger, de comparer.

D'où trois autres dérivent :

ATTENTION. — VOLONTÉ, — IMAGINATION.

La *sensation* est le premier acte de l'intelligence ; elle se transmet instantanément au cerveau par le télégraphe nerveux et produit l'idée. La *mémoire* retrace et fait renaître les idées antérieurement formées et momentanément effacées.

Le *jugement* compare les idées, les oppose, les considère sur toutes les faces, mesure, pèse leur valeur comme dans une balance, et nous conduit à la vérité. — Son résultat est la *raison*.

Nous ne sommes *attentifs* et ne *voulons* que pour obtenir un résultat, pour atteindre à un but. — Nous n'*imaginons* que parce que la mémoire nous retrace les idées ou sensations que nous avons éprouvées, et que nous modifions selon le pouvoir de la faculté imaginative.

Le philosophe Locke eut le premier l'heureuse idée de réduire toutes les opérations de l'intelligence à la faculté de sentir. En effet, la sensation n'est, à strictement parler, que la faculté de sentir mise en jeu par un excitant quelconque. — *Voir* avec les yeux, c'est sentir la lumière, les couleurs, les formes, etc.; — *entendre*, c'est sentir les sons; — *odorer*, c'est sentir les odeurs; — *déguster*, c'est sentir les saveurs; — *toucher*, c'est sentir la forme, la consistance, la température des corps; — *penser*, c'est sentir les idées diverses présentes au cerveau; — *se ressouvenir*, c'est sentir les objets en leur absence; —*juger*, c'est sentir les rapports et les différences ; — *vouloir*, c'est sentir une nécessité, un besoin ; — *réfléchir*, c'est ramener sur les objets la faculté de sentir, etc., etc. Donc, le principe de toutes ces facultés est la sensation, et la sensation, nous l'avons prouvé, ne peut avoir lieu sans un excitant matériel, puisque les sensations intérieures qui naissent au cerveau sont produites par le souvenir d'une sensation extérieure, provenant d'un excitant extérieur. Donc, tous les phénomènes intellectuels ne sont que des modifications de la sensation.

Nous jetterons ici quelques lignes sur la faculté imaginative pour faire apprécier les dangers de son emploi dans les sciences physiques. — L'imagination, cette brillante faculté qui s'empare de toutes les analogies, de toutes les combinaisons, pour créer des idées nouvelles, resterait stérile s'il n'existait déjà au cerveau des idées fournies par les sens. Or, les idées acquises par les sens sont les matériaux avec lesquels l'imagination construit arbitrairement ses édifices. Comme exemple du travail de l'imagination, supposons un peintre au milieu d'un musée où sont conservées toutes les races d'animaux, cet artiste veut représenter un être effrayant : il prend le corps d'un homme, la tête d'un bison, les jambes d'une autruche, la queue d'un lion, etc., et fabrique un monstre qui n'a jamais existé ; sa création, réelle pour chaque partie, est chimérique pour l'ensemble ; tel est, en général, le travail de l'imagination.

Si, dans les arts, l'imagination a créé des chefs-d'œuvre ; si la littérature et la poésie lui doivent ses plus éclatantes couleurs. ses écarts sont à redouter dans la science ; ils peuvent retarder le progrès en donnant lieu aux plus graves erreurs ; il faut donc la brider et ne lui permettre de s'exercer que sur des objets réels, tout à fait dans l'ordre des choses naturelles.

« La brillante imagination, a dit le professeur Rostan, s'éveille avec la puberté ; elle promet des jouissances à la jeunesse, la séduit et l'entraîne dans un sentier semé de fleurs ; mais ces fleurs cachent des précipices, et cette enchanteresse ne traîne souvent à sa suite que désillusions et regrets. »

Et ces lignes bien senties du savant Liebig :

« Si nous laissons à l'imagination le soin de nous guider, si nous lui reconnaissons le droit de résoudre les questions, il n'y a plus d'observations possibles, et la vérité reste cachée. Ce n'est encore là que le moindre mal ; le pire, c'est lorsque l'imagination met a la place de la vérité un monstre opiniâtre, méchant et envieux, qui est l'erreur ; c'est lorsque cette dernière, puissamment soutenue, se met en lutte avec la vérité et cherche à lui barrer le chemin, à l'anéantir. Il en fut ainsi au temps de Galilée, et aujourd'hui encore ce mal persiste dans les sciences, où les opinions passent pour des démonstrations. Combien ne serait-il pas avantageux de reconnaître notre imperfection, d'avouer l'insuffisance de nos ressources ? Après nous, mille autres viendraient alors éprouver leurs forces et leur courage et, tôt ou tard, la vérité finirait par se découvrir. Quand une fois l'esprit se contente d'une explication, son activité se repose, que l'explication soit fausse ou vraie. L'imagination crée toujours des erreurs, et rien n'est plus nuisible aux progrès de la science qu'une vieille erreur, car il est très difficile de la détruire lorsqu'elle a pris de profondes racines. »

Assurément, ce n'est pas avec l'imagination qu'on pourra parvenir à résoudre le problème de la nature humaine; et les psychologues ont procédé d'une manière peu logique, en systématisant les fonctions du cerveau avant d'avoir anatomisé cet organe, et de s'être éclairés au flambeau de la physiologie expérimentale. Pour donner l'analyse exacte du jeu d'une machine, il faut préalablement en connaître le mécanisme.

CHAPITRE IV

LA VOLONTE. — LE LIBRE-ARBITRE

§ I

Qu'est-ce que la volonté?

Les spiritualistes avec l'aplomb qui leur est naturel, affirment que la volonté est un acte émané de l'âme; car, c'est l'âme qui met en mouvement tous les organes du corps et, en particulier, l'organe cérébral.

Le physiologiste leur répond : — Votre âme est une *entité*, une création immatérielle de votre cerveau, fatigué de chercher, sans résultat, *le mystère de la vie universelle,* autrement dit *l'impossible.*

Pour nous, phrénologistes, qui ne perdons pas notre temps à nous égarer dans le vague des spéculations métaphysiques, nous croyons, avec les preuves à l'appui, que la volonté est une puissance, une faculté dévolue à l'un ou plusieurs de nos organes célébraux pour effectuer un acte, déterminer un choix. L'impulsion part du cerveau, sous l'influence directe des impressions physiques ou morales. Or, la volonté étant soumise aux impressions reçues, aux instincts, aux passions, à l'état de santé ou de maladie et à une foule de circonstances, ainsi que le prouvent les phrénologistes, la liberté de volonté, le libre arbitre sont des mots sans valeur aucune.

La volonté est toujours un acte déterminé soit physiquement, soit moralement, par une préférence dont la cause varie selon les individus. Exemple : — Voici deux personnes, on leur présente une pomme et une poire, leur disant de choisir.

L'une prend la poire; l'autre préfère la pomme. — Pourquoi? Parce qu'elles suivent l'impulsion de leurs goûts.

Une hésitation constante, absolue dans le choix est impossible. La comparaison archaïque de *l'âne* de Buridan, mourant de faim entre deux boisseaux d'avoine, a été faite par pure ironie.

Nous ferons remarquer aux lecteurs non convaincus que la volonté est généralement l'esclave de nos besoins. — Ainsi, j'ai faim, j'ai soif; la vue d'un aliment, d'une boisson, fait naître en moi le désir de manger, de boire. La volonté ne peut rien contre ces désirs.

J'ai gravi un coteau pour admirer le lever du soleil; mon désir satisfait, je descends avec précautions; malheureusement mon pied rencontre un obstacle, un caillou; je trébuche, malgré les efforts de ma volonté d'éviter une chute, je ne puis la conjurer... me voilà étendu sur le sol... Et, cependant, ma ferme volonté était de ne pas tomber.

Or, nous ne pouvons que répéter ce que nous avons dit plus haut : Si tous nos actes sont déterminés par une cause fatale, la liberté de volonté, le libre arbitre n'existent point et sont des mots à contresens.

Loin de nous la pensée de conclure qu'il soit arbitraire de condamner les actes criminels; nous croyons au contraire à la nécessité de ces condamnations. Ainsi qu'on se débarrasse instincti-

vement d'un animal enragé, d'un serpent veni-
meux, de même il est fort naturel de se préserver des assassins; c'est un droit qu'on ne saurait nier; je me permettrai, même, de dire que
la justice n'est pas assez sévère, envers les criminels récidivistes. Nous aurons occasion d'en
parler plus loin dans un chapitre spécial.

§ II

Ici se termine la tâche difficile que nous avions
entreprise ; loin de nous la prétention d'avoir
réussi sur tous les points ; nous croyons simplement être arrivé à démontrer que les facultés
intellectuelles sont, comme tous les phénomènes
qui se passent dans notre économie, le résultat
d'une fonction, et que les attribuer à un être métaphysique n'est pas résoudre la difficulté. Nous
croyons que la physiologie et la phrénologie expliquent, d'une manière satisfaisante, le travail
du cerveau, organe multiple, dont chaque partie
remplit un rôle, exécute une fonction. Nous
croyons, enfin, que les sciences abstraites et naturelles peuvent faire d'immenses, d'incroyables

découvertes dans l'ordre possible, mais qu'il est une limite qu'elles ne franchiront jamais. Sur cette limite imposée à l'intelligence humaine on lit : CAUSES PREMIÈRES. Là, tout est incompréhensible, impénétrable ; c'est le domaine du CRÉATEUR !...

Mais, sans aller si haut, tout n'est-il pas merveilles et mystères autour de nous ? Observez bien cette plante qui vous donne des fleurs, cet arbre qui vous offre des fruits ; avez-vous jamais compris comment s'opérait ce prodige ? — D'abord, une graine qui contient l'être futur. Enfoncée en terre, cette faible graine fermente, se gonfle, éclate et pousse un germe qui, perçant bientôt la croûte terrestre, donne une tige. Cette tige, avec les années, devient arbre ; cet arbre se couvre de feuilles, de fleurs et de fruits ; tout cela par l'absorption de sucs de fumier dont on a arrosé la jeune tige. Comprenez-vous que des sucs infects ou l'eau de pluie puissent se transformer en ligneux, donner des fleurs et des fruits aussi parfumés que savoureux? Tels sont cependant les faits qui se reproduisent chaque jour sous vos yeux, et desquels l'habitude éloigne votre attention, votre admiration ! Il en est de même de ces plantes, l'ornement de vos parterres ; comment expliquer que des sucs terrestres puissent donner naissance à ces fleurs suaves dont les brillantes couleurs éblouissent vos yeux ; c'est inexplicable, n'est ce pas ? Et les transformations animales sont-elles plus explicables ? Comprenez-vous comment les aliments se transforment en sang, et ce sang en os et en chair, en fibres musculaires et tendineuses, en cheveux et en ongles, etc., etc.? C'est encore inexplicable, mais vous admettez le fait, puisque vous le voyez se renouveler incessamment. Et cette immense famille des oiseaux dont le brillant plumage réunit toutes les couleurs? Pourriez-vous expliquer comment un grain de mil, un fétu d'herbe, un impur vermisseau digérés et réduits en chyle, ont pu fournir des matières colorantes si vives, si variées ? Comment ces couleurs ont pu se fixer avec tant de symétrie sur telle ou telle partie de la plume, et quel invisible pinceau a su les assortir, les mélanger et en fondre les délicates nuances ? Mais, le plus prodigieux, c'est que le même suc nutritif, la même humeur contiennent les principes de toutes ces couleurs dont l'éclat et la persistance font le désespoir de la chimie qui n'a pu les égaler. Cela vous dépasse ; vous restez muet d'étonnement... Eh bien ! que votre étonnement redouble encore, car ces merveilles ne sont rien comparativement au travail qui s'opère dans le cerveau de l'homme, et ce travail, cent fois plus admirable dans ses sublimes résultats, vous osez le nier pour en attribuer l'honneur à un être imaginaire qui n'explique rien. Vous ne connaissez point l'*Alpha* de cette série sans fin de mystérieux phénomènes, et vous prétendez en avoir découvert l'*Oméga*. Croyez-vous qu'il ne serait pas plus raisonnable d'avouer, ici comme ailleurs, votre complète ignorance? Ne serait-il pas plus sage de vous servir de votre cerveau pour raisonner comme vous vous servez de votre estomac pour digérer?

Maintenant, jetez les yeux sur un autre ordre d'incroyables phénomènes ; promenez vos regards dans cet espace infini que vous nommez les cieux, où se meuvent des mondes innombrables. Si, ajoutant foi aux calculs exacts des savants astronomes, vous réfléchissez aux incommensurables distances qui séparent les étoiles ; à cette voie lactée composée d'astres qui nous semblent se toucher, et dont la distance, de l'un à l'autre, est de *trois trillions deux cent quarante milliards de lieues!!!* Et, par delà cette voie lactée que nous voyons, d'autres voies semblables, que nous n'apercevons pas, éloignées de plus du double, et toujours, toujours ainsi, dans cet espace sans limite appelé *univers...* Comprenez-vous cela?... Si vos yeux, fatigués d'errer dans les plaines célestes, retombent sur le sol que vous foulez, là, sous vos pieds, il existe des myriades d'insectes que vous ne pouvez voir, et qui, cependant sont munis d'organes digestifs, locomoteurs et de propagation; à côté d'eux, il en est encore d'autres, plus petits, possédant les mêmes organes. Enfin, si le Créateur vous avait doué d'une faculté visuelle cent mille fois plus grande que celle dont vous jouissez, vous pourriez distinguer des êtres cent mille fois plus petits encore, qui se promènent, qui vivent sur vos vêtements et votre personne. Tout cela ne vous semble-t-il pas fabuleux? Vous n'osez-y croire, et voyez cependant votre inconséquence! vous refusez de croire à ce qui est patent, et vous croyez d'emblée, aux chimères de votre imagination!

Pourquoi l'homme vit-il? Pourquoi le végétal croît-il? Pourquoi tel et tel sel affecte-t-il telle et telle forme, cristallise-t-il de telle manière ? Pourquoi ces lois admirables qui règlent et fécondent l'univers ? pourquoi ? Vous ne le saurez jamais, à moins qu'il ne plaise à la puissance inconnue de changer votre nature, c'est-à-dire votre mode d'organisation. N'est-il pas plus sensé de s'arrêter aux limites posées à la raison humaine, que d'échafauder des hypothèses, que de créer des êtres imaginaires qui n'expliquent rien, ne résolvent rien, et ne font que compliquer la difficulté ?

Et, d'ailleurs, pourquoi la puissance infinie qui féconda l'univers, puissance bien au-dessus de tout ce que peut créer notre imagination, n'aurait-elle pu faire une machine vivante et pensante? Pourquoi aurait-elle eu besoin d'introduire dans cette machine un être immatériel pour la vivifier et la rendre intelligente? En réfléchissant à la toute-puissance du Créateur, ce dernier ressort devient tout à fait inutile ; car, la puissance qui peut tout a bien pu produire d'un seul jet une machine pensante, sans lui adjoindre une pièce qui ne compte point dans le nombre des autres pièces dont elle est composée.

Le philosophe Locke était convaincu que Dieu pouvait douer de la pensée une pierre, un rocher, puisque sa puissance n'avait point de bornes.

Voltaire a dit : « Soutenir que Dieu ne peut rendre la matière pensante, c'est soutenir la chose la plus absurde que jamais on ait osé professer dans les écoles privilégiées de la démence. »

Remarquez cette bizarre anomalie, même chez l'homme le plus intelligent : il avoue d'abord, qu'il lui est impossible d'avoir une idée nette de cette force inconnue qui met en mouvement les rouages de la vie, puis, sautant par-dessus cette impossibilité, son imagination se met en campagne et crée un être invisible à qui l'on accorde tout pouvoir. Cet être, l'*âme*, est installé au logis humain ; il fait, défait, refait, ordonne, et le corps n'est plus qu'un instrument passif qui obéit aveuglément aux volontés du despote.

La raison, qui juge à leur juste valeur les créations fantastiques de l'imagination, se refuse d'admettre l'existence de cet être incompréhensible avant d'en avoir acquis la preuve ; et cette preuve, il est impossible de la fournir. Alors la raison répond à l'imagination :

Si vous croyez aux esprits, tout étant gradué dans l'univers, vous devez nécessairement admettre des gradations dans le monde spirituel, c'est-à-dire des esprits plus élevés, plus purs les uns que les autres. Je puis, à plus juste titre, admettre aussi des distinctions dans la matière ; je puis même vous prouver qu'une matière organisée, vivante, n'est pas aussi grossière que la matière brute. Or, si les esprits plus élevés peuvent ce que les esprits moins élevés ne peuvent pas, il est naturel d'admettre qu'une matière plus pure, plus déliée que la matière brute, en un mot, qu'une matière comme le fluide vital, électrique, nerveux, etc., qui ne tombe point sous nos sens et dont on ignore la nature, puisse produire certaines opérations dont a matière brute est absolument incapable. Donc, permettez-moi, ma sœur l'imagination, de vous dire que votre être invisible, au moyen duquel vous prétendez tout expliquer, n'explique rien ; c'est un être chimérique semblable à tous ceux que vous enfantez. Rentrez dans votre domaine des arts et de la poésie ; là, tout vous est permis, vous pouvez à votre aise vous livrer à vos jeux, à toutes vos fantaisies ; mais, de grâce, laissez-moi le soin de diriger l'humanité, qu'il vous est si facile d'égarer, car mon flambeau éclaire les hommes, et le vôtre les aveugle.

Pour la raison humaine, qui puise ses lumières dans l'étude de la nature, les facultés intellectuelles sont, comme toutes les autres fonctions de l'organisme, le résultat nécessaire du travail d'un organe, le CERVEAU. Là s'opère le mystérieux, le sublime travail de la pensée. Pourquoi, et comment? L'imagination peut répondre, mais la raison se tait. Notre démonstration physiologique ne matérialise nullement l'esprit, puisque ce résultat n'est pas plus accessible à nos sens que l'attraction et autres lois de la nature dont nous n'avons connaissance que par des effets.

Néanmoins, nous serons accusé de réveiller les doctrines matérialistes et honni par les accusateurs; mais, à notre tour, nous porterons contre eux l'accusation qu'ils portent contre nous. Il ne s'agit pas seulement d'accuser, il faut encore prouver le délit Or, messieurs les animistes, qui admettez comme une vérité dont vous seuls avez la preuve, que l'âme est le moteur, le corps n'est que l'instrument, je vous déclare plus matérialiste que nous. En effet, un moteur, pour mettre en mouvement la machine, doit nécessairement avoir un point de contact avec elle. Par ce point de contact, aussi minime qu'il puisse être, votre âme doit participer de la matière ; sans cela, comment l'âme, n'ayant ni formes, ni parties, n'étant rien, en un mot, pourrait-elle avoir prise sur le corps, qui est quelque chose ? Et comment, d'ailleurs, imaginer l'union de quelque chose avec rien ? Vous êtes donc des matérialistes ; votre accusation contre nous tombe d'elle-même, puisque nous ne voyons dans les facultés intellectuelles qu'un résultat, et nous venons de démontrer qu'un résultat n'avait rien de matériel.

Qu'on nous pardonne ces subtilités scolastiques, aussi fastidieuses que de mauvais goût, et avouons que c'est peine et temps perdus que de discuter sur de semblables matières ; depuis deux mille ans qu'on les discute, on n'est pas plus avancé, et on ne le sera jamais davantage. Il est interdit à l'homme de connaître les causes premières et les causes finales. C'est en vain qu'il se regimbe contre cette interdiction suprême ; c'est en vain qu'il invente des fables accommodées à son orgueil, qu'il crée des mythes d'où perce son égoïsme ; c'est mille fois en vain : il ne pénétrera jamais le mystère de la vie et de la mort. La nature a doué l'homme de cinq sens, et l'homme ferait d'absurdes efforts pour en chercher un sixième.

Les conclusions dernières de tout ce qui précède se résument ainsi :

Les causes premières resteront toujours impénétrables à l'homme tant que persistera son mode actuel d'organisation.

Les facultes intellectuelles, l'intelligence, sont, comme tous les autres phénomènes de la vie, le résultat d'une fonction organique.

Tout porte à croire que l'aversion de l'homme pour la mort est la source de son espoir dans une autre vie plus parfaite que celle qu'il doit quitter. Cette douce espérance, étayee du spectacle de l'univers, a élevé sa pensée jusqu'à l'Être suprême, et lui a inspiré le sentiment religieux.

. Pour le philosophe naturaliste, le spectacle de l'univers est si prodigieux, si grandiose, qu'il reste plongé dans une muette admiration devant toutes les merveilles qui s'offrent autour de lui. · Partout mouvement et ordre, harmonie de rapports et sagacité de combinaisons; partout des forces maintenues en parfait équilibre; de tous côtés des actions et réactions réciproques entre les corps, des agitations, des mutations incessantes, de constantes destructions et reproductions. Auprès de la vie qui s'éteint surgissent des vies nouvelles, qui disparaissent à leur tour pour faire place à d'autres. En un mot, toute chose naît, se transforme, se succède sans cesse et se précipite dans l'abîme des temps. Telle est la loi qui meut et gouverne cette œuvre incompréhensible et sans limites que nous nommons Univers.

Oui, pour le philosophe qui a contemple la partie sensible de l'univers et médité sur toutes ses merveilles, il est une puissance infinie, incommensurable, au-dessus de tout ce qu'on peut imaginer, et que n'atteindront jamais les spéculations de la pensée. Cette puissance, que chaque théologie définit, explique à sa manière, arrange selon son intérêt, et que chaque peuple adore selon l'impulsion qui lui a été donnée; cette puissance, que le sage regarde comme le principe de toutes choses, comme l'absolu; cette puissance, qui domine et remplit l'infini, qui donne des lois à l'univers, ou qui elle-même est la loi, c'est-à-dire cause et effet tout ensemble; cette puissance incompréhensible que la pensée nous révèle, devant laquelle l'homme se prosterne instinctivement et dans laquelle il espère, lecteur, vous l'avez déjà nommée : c'est l'Être inconnu !...

CHAPITRE V

PREMIÈRE PARTIE

LA NATURE ET L'UNIVERS

La définition vulgaire qui fait ces deux mots synonymes, n'est point exacte. — La *Nature* est l'universalité des choses perceptibles à la vue; — l'*Univers* est, non seulement l'universalité de tout ce qui est perceptible à la vue, mais encore de tout ce que nous ne pouvons voir, dont l'existence est mathématiquement démontrée. — L'univers c'est l'espace infini, l'immensité ! ! !

§ I

La Nature

La nature, pour le géologue-naturaliste, se localise à notre planète, à son atmosphère et, par extension, à notre système planétaire, dont le soleil, qui nous éclaire, est le centre. Nous verrons, plus loin, que les étoiles fixes ou scintillantes sont des soleils possédant leurs planètes, à l'instar de notre soleil.

·O nature ! tu renfermes tous nos trésors, toutes nos richesses et les germes de toutes les existences. En toi résident toutes les beautés, toutes les merveilles terrestres; la Puissance qui te lança dans l'espace, fit émerger peu à peu les continents, assainit les milieux afin que les animaux et, plus tard, l'homme, pussent prendre possession de la terre et y propager leurs espèces.

Le savant qui t'étudie, qui fouille tes entrailles, se perd dans ton immense laboratoire. — L'artiste de génie qui cherche à te reproduire, passe sa vie à t'observer, à t'admirer.

La nature crée les modèles; l'art les copie. — L'art ne peut que rendre la forme, la couleur et l'expression muette. La nature fournit tout cela ; de plus, elle donne la vie et le mouvement. — Praxitèle, Phidias, Lysippe, Scopas, Apelle, ces grands artistes de l'ancienne Grèce, ornèrent la forme humaine de tout ce que la beauté peut offrir de plus gracieux, de plus attrayant et de plus majestueux; mais, la nature leur avait préparé d'avance des modèles dans Hélène, Laïs, Phryné Lamia et tant d'autres femmes célèbres par leurs charmes.

Du haut des sommets alpestres ou pyrénéens, promenez vos regards sur l'immense paysage qui se déploie autour de nous. Que de teintes variées et délicatement fondues! Que d'ombres et de lumières habilement distribuées! où trouver un pinceau qui puisse les reproduire avec autant de vérité? Quelle toile aurait assez d'étendue pour rendre la profondeur de ces perspectives dont les lignes se perdent dans les vapeurs d'un horizon lointain.

Toujours jeune et féconde, la nature revêt

toutes les couleurs, toutes les nuances; elle produit des mélodies que peu d'individus comprennent et des bruits formidables à nous glacer d'effroi ! — Tantôt elle trace des lignes droites irréprochables, et tantôt des courbes en ondulations légères, qui vont se briser contre un rempart de granit. — Plus loin, la plaine déroule ses tapis de verdure jusqu'au pied d'une montagne au cratère fumant; vous assistez à l'émouvant spectacle d'une eruption volcanique : — la terre tremble sous les puissants efforts des feux souterrains ; de sourdes explosions se font entendre, accompagnées de secousses épouvantables ; — de noirs tourbillons de fumée sulfureuse sortent du cratère qui vomit ensuite des torrents de flammes, alimentés par des minéraux et des métaux en fusion. . Vous frissonnez !... la crainte d'être atteint par les laves bouillonnantes qui brûlent tout ce qu'elles rencontrent, vous fait quitter, en toute hâte, le point choisi pour observer. Dès que vous êtes arrivé en lieu de sûreté, vous apercevez un affreux désordre sur les flancs déchirés de la montagne : — ici, un amas confus de terrains éboulés, des roches soulevées, fracturées, se penchant sur des gouffres béants, prêts à les engloutir. — Là,

des monticules formés par des scories volcaniques, traversées par des coulées de laves re-
froidies; — de tous côtés des soulèvements, des
crevasses, des excavations, preuves irrécusables
des bouleversements du globe, causés par les vol-
cans et le déplacement des eaux. Enfin, au dernier
plan se dressent de hautes montagnes, aux sommets dénudés, se mirant dans les lacs salés, derniers vestiges des convulsions de notre planète
aux temps primordiaux.

Ces tableaux, ces scènes ne sont point les seuls
que nous offre la nature : — Les saisons, les
mois et les jours n'ont-ils pas leurs charmes? —
Les fraîches matinées du printemps et les tièdes
nuits d'été? — les soirées calmes de fin sep-
tembre qui portent à la rêverie; — l'hiver même
avec ses neiges, ses frimas et ses tristesses;
chaque saison possède son genre de beauté.

Si vous fouillez les entrailles de la terre, vous y
trouvez d'intarissables richesses minéralogiques,
d'inimitables combinaisons chimiques : des métaux, des cristaux de toutes formes, de toutes
propriétés qui servent à votre luxe et à vos besoins; la science peut les décomposer, mais les
reproduire, jamais! — Demandez à l'alchimiste

s'il a pu produire de l'or? au lapidaire s'il a pu emprisonner, dans le *strass*, l'étincelle du diamant?

Mais, si, quittant la terre, les yeux s'attachent à la voûte céleste, le tableau change : — D'abord, l'atmosphère qui fournit l'air vital (l'*oxygène*) indispensable à l'existence des êtres vivants ; l'atmosphère qui, en modifiant les rayons solaires, nous apporte la lumière et nous fait distinguer les couleurs. — Ensuite, les nuages aux formes fantastiques, agglomération des vapeurs condensées, qui nous renvoient, sous forme de pluie, l'eau vaporisée par le soleil. C'est dans ces nuages, nous le relatons pour les lecteurs qui l'ignorent, que se passent les curieux phénomènes de la *dioptrique* et de la *catoptrique :* l'irisation, la diffusion et la polarisation de la lumière. — Les flux et reflux de l'océan aérien, causes des vents, depuis la brise caressante jusqu'à l'ouragan furieux, le *cyclone* indomptable qui renverse tout!... Et puis, les *météores ignés*, la foudre, les éclats assourdissants, les épouvantables détonations du tonnerre, les formidables effets de l'électricité atmosphérique et tant d'autres phénomènes que nous ne pouvons énumérer ici, et dont plusieurs se trouvent expliqués dans l'article *météores* de notre ouvrage sur *les Mois et les Saisons.*

Après les 70 kilomètres d'atmosphère qui entourent la terre, se trouve *l'éther* ou l'espace infini... sans fin !... est-il possible à l'homme d'avoir une idée nette et complète de ce que représente le mot INFINI ! .....? Répondez.

O sublime nature ! quelles beautés grandioses revêtent tes ouvrages et quelle magnificence dans leur décoration !... La science et les arts, ces deux fruits des générations éteintes et de nos découvertes modernes, ne sont qu'une pâle copie de tes plus petites opérations.

§ II

Le livre de la nature

Pour ceux qui possèdent un peu de science et le goût du travail, la nature est une mine féconde de surprises, d'observations et de méditations. Tout ce que les arts ont produit d'utile et

d'agréable; toutes les découvertes faites par les
hommes de génie, appropriées à nos besoins, ont
été puisées dans le grand livre de la nature. C'est,
nous le répétons, en fouillant les entrailles de la
terre que les savants ont pu distinguer, extraire
et analyser les métaux qui nous rendent aujour-
d'hui de si grands services; c'est en décomposant
les corps composés qu'ils sont parvenus à isoler
les corps simples. La science, à l'instar de la nature, a pu produire des corps composés; mais les
corps simples resteront toujours corps principes,
faisant partie intégrante du globe terrestre et de
son atmosphère : — *mélange d'oxygène, d'azote et
de très minime partie d'acide carbonique.* C'est
en effeuillant ce grand livre qu'on est parvenu à
reculer l'époque de la formation de notre planète,
qui se perd dans la nuit des temps, et à établir
assez exactement la généalogie des êtres qui ont
disparu du règne végétal et animal, ainsi que la
généalogie des espèces aujourd'hui vivantes; ce
qui fait reculer la chronologie de la terre vers un
chiffre presque incroyable.

§ III

Les mers

Nous venons de décrire, en courant et très imparfaitement les diverses transformations du globe terrestre, les formidables soulèvements des montagnes, les profondes déchirures de sa croûte par les feux volcaniques, les irruptions des eaux, etc., et d'autre part, les splendeurs des créations postérieures aux âges primordiaux, il nous resterait à parler des mers, cinq fois plus considérables que les continents émergés, qui les entourent de tous côtés ; mais, il faudrait des volumes pour traiter cette vaste question ; nous nous bornerons donc à ébaucher rapidement la *phycologie* (ou description des algues) passant sous silence la faune marine dont les innombrables espèces naissent, vivent et meurent dans les eaux ; depuis le *puceron* microscopique jusqu'au colossal *cétacé*, une foule d'êtres intermédiaires y pullulent indéfiniment.

La *phycologie* est d'autant plus intéressante que,
d'après les recherches d'éminents naturalistes, la
vie des êtres qui peuplent notre planète, est sortie
du sein des mers, et que plusieurs plantes
marines sont considérées comme étant le passage
du règne végétal au règne animal : — Tels sont les
zoophytes, les arthrodiées et les zoocarpées.

Les premiers vestiges des végétaux ont paru
dans les eaux ou sur leur surface, c'est incontestable; les plus simplement organisés d'abord,
tels que les *conferves*, les *lemna* ou lentilles d'eau,
les *ulva*, etc.; puis, parurent des végétaux d'une
organisation supérieure à celle des premiers. —
Les *lychen*, les *bissus velutina*, les *taches de diverses* couleurs qu'on remarque sur les rochers,
dans les endroits humides, sur les vieux murs, et
qui ne sont que des espèces de lickens; les
mousses et les moisissures, appartiennent à cette
classe des vegétaux primitifs. Mais, c'est surtout
dans le fond des mers, et sur les rochers que
croissent une foule de plantes de toutes dimensions, généralement désignées sous le nom col-
lectif d'*Algues*.

Les algues ont été classées en deux genres,
celles qui vivent dans les eaux de la mer, nom-

mées *thalassophytes* ou *fucus;* les autres vivant dans la mer, mais aussi dans les eaux douces, dormantes, appelées *conferves.*

Le genre fucus comprend une grande variété d'individus, depuis l'algue gigantesque jusqu'à l'algue naine.

Les plantes marines diffèrent essentiellement des plantes terrestres par la forme, l'étendue et la composition chimique. Relativement à la forme et à l'étendue, les *lianes* des forêts d'Amérique, et les plus grands arbres qui atteignent, dit-on, de 45 à 50 mètres en hauteur, ne sauraient être comparés à certaines algues qui, ramenées du fond des mers, par la sonde-harpon, mesuraient 500 mètres de longueur!! — Si les arbres enfoncent de profondes racines dans la terre pour résister aux bourrasques, les plantes marines possèdent des griffes, des attaches solides aux rochers; de plus, elles offrent des tiges flexibles, un feuillage plan ou divisé en filaments, d'une consistance souple, membraneuse, susceptible de se prêter à tous les mouvements des eaux. La nature leur a donné cette conformation pour résister aux vagues menaçantes, aux tempêtes sous-marines, aux courants impétueux qui balayent le fond des mers et accumulent sur les rivages des monceaux de détritus de plantes, de coquillages et de débris divers.

Ce qu'on vient de lire confirme cet axiome : — La nature est aussi féconde qu'admirable dans ses œuvres.

§ IV

Les Géomonies ou Cosmogonies

DE L'ANTIQUITÉ

Les cosmogonies et mieux dit les *géomonies* (1), indienne, chaldéenne, hébraïque et chinoise, ne sont que des spéculations de l'imagination mystique de quelques philosophes de l'antiquité. La genèse de Moise, calquée, en partie, sur des *géomonies* antérieures, ne saurait résister à l'examen de la science moderne ; ce qui n'infirme nullement les hautes capacités de ce législateur, la plus grande figure de son époque. Les ou-

(1) Formation de la terre.

vrages qu'on lui attribue sont un remarquable
résumé des connaissances d'alors.

On peut, des documents qui nous sont parvenus de ces temps reculés, tirer cette conclusion: — Les diverses géomonies ou genèses pré-
citées, furent rédigées par des hommes éminents
de la classe *hiératique* ou éclairée, pour dominer
et refiéner les passions de la classe *démotique* ou
populaire, ignorante, — Tel fut et tel sera toujours le but que se proposera d'atteindre la classe
privilégiée.

§ V

Cosmogonie, — Géologie

DES TEMPS MODERNES

Les astronomes et les géologues, étayés de
preuves convaincantes, ont émis l'opinion que la
terre fut primordialement *une nébuleuse*, c'est-à-
dire un corps gazeux qui s'est refroidi par le
rayonnement dans l'espace. — La durée du re-

froidissement exigea des milliards de siècles pour
arriver au degré de la température actuelle. —
Plusieurs nébuleuses ont été découvertes récemment et sont, très probablement, le principe de
nouvelles planètes en voie de formation.

Mais, qu'est-ce qu'une nébuleuse, demandera
le lecteur peu versé dans la science astronomique,
et d'où provient cette nébuleuse? — Réponse : Les
plus savants astronomes contemporains, affirment que la nébuleuse est une partie de l'atmosphère incandescente du soleil, qui s'en est détachée, sous forme d'anneau. — Dans cette masse de
vapeurs, composée en partie d'oxygène, d'hydrogène et de carbone, existaient des métaux et des
métalloïdes en fusion ignée; la combinaison de
ceux-ci avec l'oxygène produisit des oxydes métalliques ou terres, des alcalis, des acides et, en
première ligne, les acides carbonique et silicique
qu'on trouve répandus en grandes quantités dans
les granites et les roches primitives. — Les alcalis, potasse et soude, sont aussi très abondants ;
l'argile et le talc, provenant de la combinaison
d'un métal avec l'oxygène, sont également très
répandus dans la croûte terrestre, et contribuèrent à sa formation.

La masse nébuleuse qui devait être notre planète, d'abord gazeuse, puis liquide, offrait la
forme globulaire qui, par l'effet de sa rotation
dans l'espace, s'aplatit aux deux extrémités de son
axe, les *pôles*. — La température de cette époque
primordiale dut être excessivement élevée, pour
fondre le granite, former des laves et des basaltes.
S'il est impossible de déterminer le temps que
dura cette haute température, il est facile de comprendre qu'elle a dû diminuer par le fait incontestable que la terre se meut, dans l'espace infini,
comme tous les corps célestes, et que l'espace ou
éther étant privé de calorifique, les corps en igni-
tion y perdent incessamment leur chaleur.

Il est logique d'admettre que les diverses combinaisons subséquentes des corps principes, avec
des bases, se produisirent dans l'immense laboratoire qu'on nomme le globe terrestre; ces nouvelles formations en produisirent d'autres, jusqu'aux premiers anneaux de la série végétale. —
L'acide carbonique dont l'atmosphère était saturé,
pour favoriser le prompt développement des végétaux gigantesques, ayant été, en partie, absorbé,
d'autres végétaux de dimensions moins colossales
les remplacèrent, et la vie animale commença, sur

notre planète, dans les eaux, d'abord, et ensuite sur terre.

Les premiers êtres, vivant de la vie animale, offraient l'organisation la plus simple, deux ouvertures seulement : l'une pour absorber, se nourrir ; l'autre pour rejeter les résidus inassimilables.

A ces êtres primitifs, succédèrent progressivement d'autres êtres d'une organisation plus avancée, plus complexe. Enfin, après une durée de temps qu'on ne saurait préciser, l'*Homme*, qui fut le couronnement du grand œuvre de la *Puissance universelle*, l'homme parut sur la terre !

A la suite des données de la science astronomique viennent se placer les travaux de la géologie, aidée de la chimie ; ces deux sciences jettent une vive lumière sur la question de la prodigieuse antiquité du globe terrestre, sur son mode de formation et sur les matières qui le composent.

D'après les études géologiques, la terre est composée de divers dépôts sédimentaires auxquels on a donné les noms de terrains *primaires, secondaires, tertiaires* et *quaternaires* ; on les nomme aussi d'après leur origine : *Plutoniens*, c'est-à-dire par voie ignée ; *Neptuniens*, ou déposés par la mer ;

et *Alluviens*, ou formés par les alluvions. — Ces
terrains constituent des époques et, métaphori-
quement parlant, les pages du grand livre de
notre planète où est consignée l'histoire des êtres
fossiles dits antédiluviens, des trois règnes, minéral, végétal et animal, avant l'apparition de l'être
humain sur la terre.

Les roches *Plutoniennes* ont été formées par la
fusion et la cristallisation de diverses matières sa-
bleuses, argileuses, etc., contenues dans les eaux
primordiales, ce sont : les granites et leurs composés, les mica, les schistes, etc., servant de base à
la croûte terrestre.

Les roches *Neptuniennes*, lentement formées par
les eaux, au-dessus des granites, sont les carbo-
nates, les gypses, les silicates, etc.

Les terrains d'*Alluvion* ont été produits par les
débris des roches et des végétaux; ils sont les
troisièmes dans l'ordre de formation.

L'époque dite *quaternaire* est celle où nous
vivons.

§ VI

L'arrivée de l'être humain sur notre planète a été la dernière transformation opérée par la force créatrice, d'après les lois de *succession*, si laborieusement développées dans le savant ouvrage du docteur Darwin; l'homme a donc succédé à toutes les transformations antérieures : Le zoophyte étant le premier anneau de l'immense chaîne des êtres vivants, l'homme en est le dernier anneau. Mais, pour arriver à l'état de perfection qui le distingue des autres êtres vivants, il a fallu, ainsi que nous l'avons déjà dit, des millions de siècles.

Dans le principe, des agglomérations d'hommes se fixèrent sur différents points de la terre, en chassèrent les animaux nuisibles et s'y fixèrent. Là, ils pullulèrent; mais bientôt l'espace devenu insuffisant, une partie des leurs émigra vers d'autres contrées, pour y planter ses tentes ou y bâtir ses huttes. C'est ainsi que, de migrations en migrations successives, se formèrent les peu-

plades et les villages ; les villes et les nations.
Alors, la terre devint le domaine de l'homme qui,
donnant l'essor à son génie, créa les arts et les
sciences, sources fecondes de ses richesses et de
sa gloire (1).

(1) *Note de l'éditeur.* — Le lecteur curieux de connaître
la formation du premier couple humain, sa naissance, son
premier langage, ses générations multipliées, ses divisions
en races types et mélange de races, selon les climats, les
anomalies de formes et de couleurs, etc, etc, trouvera tous
ces enseignements dans l'intéressant ouvrage intitule : *Histoire naturelle de l'homme et de la femme, depuis leur apparition sur la terre, jusqu'à nos jours,* enrichi de onze gra-
vures.

DEUXIÈME PARTIE

L'UNIVERS

L'univers, nous le répétons, comprend, non seulement tout ce qui existe dans l'espace incommensurable, tout ce qu'il est possible de voir, mais encore tout ce qui étant inaccessible à nos sens bornés, est rigoureusement démontré par les sciences physiques.

Nous savons que l'espace et le temps n'ont point de limites, sont infinis!... Or, la définition de l'infini est ni commencement ni fin. Mais, les astres sans nombre qui roulent dans l'espace, s'ils ont eu un commencement auront fatalement une fin ; car d'après la loi immuable : — « Tout ce qui a commencé doit finir. » — Ce commencement et cette fin exigent une démonstration.

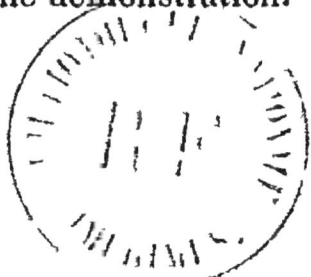

6

L'axiome *Rien de rien* signifie qu'avec rien on
ne peut faire quelque chose; c'est évident. Or,
pour produire les astres innombrables de l'em-
pyrée, il a fallu qu'il existât, de tous temps,
quelque chose qu'on est convenu d'appeler
atomes, monades ou *monaires.* C'est en s'attirant,
en se combinant, par l'attraction, ou sous l'impulsion d'une force inconnue, que ces atomes ont
formé des masses avec le temps, et sont devenus
ces globes merveilleux qui se meuvent invariablement dans les espaces infinis. — Deux exemples
suffiront pour faire comprendre la formation d'un
corps nouveau, par la combinaison de deux
atomes differents :

Un atome d'hydrogène combine a un atome de chlore produit de l'acide chlorhydrique.

Un atome d'oxygene combiné a deux atomes d'hydrogene,
produit de l'eau.

Tous les corps qui existent dans l'univers,
doivent probablement leur naissance et leurs
métamorphoses à des combinaisons variees que
la science moderne etudie et découvre chaque
jour.

§ VII

Chez les Grecs anciens, Démocrite fut le premier qui formula, d'après les connaissances de
son époque, la philosophie atomique, entrevue
par Pythagore et Leucippe. — Epicure, que les
spiritualistes ont tant calomnié, enseigna brillam-
ment cette philosophie. — Le grand poète Lucrèce, dans son poème sur *la Nature des choses*, la
développa en vers harmonieux. — Aujourd'hui,
des hommes qui occupent le premier rang dans
les sciences, ont éclairé de leurs lumières, la
théorie des atomes que les ténèbres du moyen
âge avaient complètement *occultée*.

L'astronomie, cette science sublime qui, au
moyen de ses puissants télescopes, nous fait
voyager à travers les plaines célestes, où se pressent des myriades d'astres opérant leur révolution ; l'astronomie nous apprend que derrière ces
étoiles ou soleils, existent des étoiles plus innombrables encore ; et plus loin, d'autres myriades
d'étoiles et toujours ainsi, toujours ! ! !... Ces

globes lumineux, dont les masses nous confondent, nous stupéfient, sont emportés dans l'espace avec une rapidité qui dépasse toute comparaison, — Alors que devient la vitesse de nos boulets de canon, de nos télégraphes électriques? — Des millions de kilomètres en une minute! Pouvez-vous comprendre? — Non. — La pensée même s'étonne et se perd dans ces plaines incommensurables, dans ces calculs sans fin.

Par ses rigoureux calculs algébriques, l'astronome constate que la distance d'une étoile à l'autre se chiffre par des milliards de kilomètres; — que la queue d'une comète se projette, à une distance de plusieurs millions; — qu'enfin, cette traînée blanchâtre, la *voie lactée*, qu'on aperçoit la nuit, dans un ciel serein, est formée par une agglomération d'étoiles, tellement rapprochées les unes des autres, qu'elles nous paraissent se confondre; et cependant on suppute la distance d'un astre a l'autre, à plusieurs trillions de kilomètres!!... C'est à n'y pas croire.

Univers! être infini, incompréhensible, devant qui le savant se prosterne, avouant sa faible intelligence, et que le mystique *inscient*, mais orgueilleux, a cru définir avec ce mot: Zeus—Dieu. —

Ton essence nous est et nous sera à jamais inconnue. C'est vainement que l'homme, borné à cinq sens, se torture la cervelle pour pénetrer ton secret; il perd son temps... On pourrait le comparer à l'enfant qui puise dans l'océan avec une coquille de noix, dans l'espoir de le dessécher. — O Univers! si admirable dans tes manifestations grandioses, mais insondable dans tes secrets, tu es le temps et l'éther; tu es les astres qui se meuvent dans les espaces célestes; tu es tout ce qui existe; tu n'as ni *commencement* ni *fin*, ce qui dépasse notre intelligence, parce que l'intelligence humaine a ses bornes et que l'univers n'en a point.

L'idéalisme des philosophes sacrés et profanes, n'est et ne sera jamais qu'une abstraction, une rêverie, puisqu'il est impossible à l'homme de connaître la cause première et de trouver le théorème de l'infini.

Le philosophe naturaliste, plus positif, laissant de côté les choses abstraites, part des effets pour remonter aux causes secondaires, puisque la cause première est au-dessus de ses moyens d'investigation. Lorsqu'à force d'étude et d'observations, il parvient à découvrir quelques-unes des causes secondaires, il les formule en lois; c'est

6.

alors l'évidence mathématique qui ne comporte aucune objection. Cela ne s'oppose nullement à ce qu'il soit un fervent admirateur des étonnantes merveilles qui frappent ses sens ; il reconnaît une cause première au-dessus de son faible entendement, que son esprit ne peut atteindre ; il y croit et ne nie que les absurdités enfantées par l'imagination en délire du fanatisme.

Homme orgueilleux, chétive créature qui est beaucoup moins dans l'univers, qu'un atome de sable sur les rivages de l'océan, au lieu de divaguer, prosterne-toi devant cette force inconnue qui régit l'univers ; cesse de la rapetisser en lui assignant sa place dans un ciel, rêve de ton imagination, ou ruse de ton esprit pour servir tes intérêts. — Cesse d'accumuler blasphèmes sur blasphèmes en lui attribuant tes mauvaises passions : — la colère, la haine, la vengeance !... L'*Être souverain*, l'être parfait par excellence s'*irriter*, *haïr*, se *venger*... N'est-ce pas l'insulter, le faire descendre au niveau du mortel infime, haineux, irascible et porté au mal ? N'est-ce point de la démence, de la folie ?. .

Homme sacrilège, cesse d'invoquer la Puissance

suprême comme Dieu des armées, et de lui adres-
ser des prières pour qu'il donne la victoire aux
tiens, ce qui implique le massacre des autres. —
Après l'assassinat en grand qu'on a décoré du
nom de guerre, quand le sol est inonde de sang ;
lorsque les veuves et les enfants, sans soutiens,
sans asile, pleurent et meurent de misère, tu fais
chanter l'*Hosanna*, le *Te Deum*, tu fais brûler l'encens dans les temples pour glorifier le *Dieu* des
armées, le Dieu de cette horrible boucherie humaine!... O puissance suprême! que le philosophe
pressent et vénère dans le grand œuvre de l'univers, si tu n'etais la perfection idéale en tout
et pour tout; si tu n'etais la loi immuable qui
gouverne les mondes, tu réduirais en poudre les
misérables qui osent ainsi te blasphemer.

Conclusion

O Univers! œuvre incompréhensible qui réunit
toutes les merveilles et le grandiose en toutes
choses; œuvre infinie dont nous n'apercevons
qu'un point dans l'espace, le savant qui t'admire

avec enthousiasme, reconnaît les vanités des investigations humaines sur ton essence; il s'incline en avouant que son intelligence a des bornes qu'elle ne peut outrepasser; que les hautes spéculations de l'esprit sur ce sujet, n'aboutissent à rien; il comprend que la CAUSE PREMIÈRE et le BUT seront, à jamais, pour l'homme, un mystère impénétrable.

Et comme corollaire de ce qui précède nous ajouterons :

D'où vient l'homme ?
Quel est-il ?
Où va-t-il ?

. TOUJOURS L'ÉTERNELLE ÉNIGME !...

CHAPITRE VI

LES METÉORES

Le Vent

Tous les phénomènes qui se passent dans l'atmosphère, sont désignés par le nom de *météores* : ainsi les éclairs, le tonnerre, la pluie, la grêle, la neige, les vents, l'arc-en-ciel, les aurores boréales, les éclairs de chaleur et autre phénomènes électriques, sont des météores.

Le **Vent** n'est autre chose qu'un courant d'air s'écoulant dans une direction quelconque, avec une vitesse plus ou moins grande. La violence et la force du vent se multiplient par la masse et la vitesse du courant.

Plusieurs courants d'air peuvent s'établir en différentes directions et simultanément, c'est ce qui a lieu lorsque la girouette indique un des points cardinaux et que les nuages sont poussés en sens inverses.

Lorsque des obstacles ou des accidents de terrain, tels que montagnes, gorges, ravins, etc . détournent ou réfléchissent les courants d'air, il en résulte différents vents qui se replient et agissent sur eux-mêmes. Si, à cette première perturbation viennent s'ajouter des dilatations et condensations subites de l'air, produites généralement par l'électricité des nuages orageux, il y aura, dans le rayon atmosphérique où se passent ces phénomènes, une perturbation plus grande, un choc de vents différents, et, par suite, tourmente, bourrasque, tempête, ouragan !

Dans cette agitation extrême de l'air, il s'établit quelquefois une résultante à forme déterminée ; le courant le plus fort entraîne dans sa direction les courants plus faibles, de telle sorte que les divers courants réunis n'en forment plus qu'un seul, se dirigeant en spirale et tournant comme autour d'un axe; c'est le *tourbillon*.

Après le tourbillon, vient le météore appelé

Typhon, par les anciens et *Trombe, Cyclone* par les modernes. — Les Grecs, qui donnaient une forme à tout ce qu'inventait leur imagination feconde, avaient métamorphosé les trombes en un génie malfaisant, terrible, appelé *Typhon.* C'était un géant formidable, formé d'épaisses vapeurs, que l'irascible Junon fit sortir de la terre d'un coup de son sceptre. Les bras de ce monstre s'étendaient du levant au couchant, sa tête touchait aux nues, ses yeux et sa bouche lançaient des torrents de feu; il se tenait dans les airs au moyen de deux ailes noires herissées de serpents, dont les sifflements affreux se mêlaient aux bruits de l'orage; enfin, deux énormes dragons, à replis tortueux, formaient ses jambes. Ce monstre, l'effroi des Dieux et des hommes, etait le type de ces désastreux météores, vomissant la foudre, la grêle et les pluies torrentielles, qui devastent tout sur leur passage et portent au loin l'épouvante. — Le Typhon égyptien était aussi une trombe, sous l'allégorie d'un genie du mal et de la dévastation.

Les *Trombes* sont produites par deux ou plusieurs vents opposés, passant l'un près de l'autre et se heurtant obliquement. De ce choc naît un mouvement giratoire, un enroulement de deux vents qui s'opère de bas en haut, et forme la spirale. Au centre de cette spirale, il existe un vide, faisant office d'un immense syphon. En même temps, plusieurs nuages agglomérés et chargés d'électricité se remarquent dans le ciel, au point d'où descend la trombe ; le plus inférieur des nuages se rétrécit, s'allonge vers la terre, prenant la forme d'un porte-voix dont le pavillon se perd dans les nues et l'embouchure s'approche du sol. Lorsque ce tube gigantesque s'approche de la surface des mers, il se produit une agitation semblable à celle d'un liquide en ébullition, qui lance des jets de vapeur et déborde en bouillonnant. Cette agitation varie, dans son intensité, depuis le bouillonnement simple jusqu'à la projection, en l'air, d'une masse liquide écumeuse et de gerbes qui s'en détachent. Tantôt cet amas d'eau s'élève à une certaine hauteur, puis retombe en pluie irisée; tantôt c'est sous forme de vapeur épaisse ou de fumée tourbillonnante, au milieu de laquelle partent des jets ascendants et descendants. Lorsque c'est une trombe terrestre, on la voit envelopper, saisir, arracher tout ce qu'elle rencontre, et produire d'épais tourbillons avec la poussière et les corps légers qu'elle soulève.

Les trombes sont toujours accompagnées de bruits plus ou moins violents : quelquefois c'est un sifflement qui imite le bruit du vent ; d'autres fois on croirait entendre le bruit d'une lourde voiture lancée à toute volée sur un chemin rocailleux. La plupart des trombes offrent des phénomènes électriques, tels qu'éclairs, tonnerre, attractions et répulsions de nuages, etc L'absence de ces phénomènes n'exclut point la présence de l'électricité dans le nuage trombique ; plusieurs savants physiciens ont même signale le fluide électrique comme étant une des conditions nécessaires à la formation des trombes, et les effets produits par ces météores prouvent l'exactitude de leur opinion. Si on lit la relation des trombes, donnée par de savants observateurs, on remarque les effets les plus singuliers, les plus bizarres et presque impossibles. Ici, ce sont des maisons renversées, des murs, des plafonds percés, des toitures, des portes enlevées et portées a de grandes distances ; là, des arbres arrachés et clivés, c'est-à-dire réduits en minces lanières ; des amas de pierres et de végétaux déplacés ou jetés au loin ; des convois de voitures, hommes et chevaux, emportés à plusieurs kilomètres de dis-

7

tance; des marais, des etangs subitement desseches et les poissons dispersés dans les champs voisins.

Lorsque la foudre se met de la partie, les effets sont encore plus extraordinaires. On cite, par exemple, des blés moissonnes et le grain réuni en tas, comme s'il eût été battu et crible; des champs parfaitement laboures et prêts à recevoir la semence, des troupeaux de bœufs et de moutons écornés par le meteore; d'autres troupeaux de moutons tondus a ras, la laine presque cardée, mais sentant un peu le roussi; tous les poissons d'un vaste étang emportes dans les airs et retombant en pluie meurtrière sur les habitants d'un village, dont beaucoup furent violemment contusionnés.

Nous n'en finirions pas, s'il fallait rapporter toutes les excentricités qu'on attribue aux trombes et à la foudre.

De la foudre et du tonnerre

Aussitôt après la découverte du fluide électrique, on pensa qu'il devait y avoir une étroite

analogie entre ce fluide et la foudre. Il ne fallait
qu'un homme de génie pour en donner la preuve;
l'immortel Franklin fut cet homme. Le premier il
eut la pensée hardie d'aller, avec un cerf-volant,
chercher la foudre au milieu des nuages ; son
expérience réussit. — Un Français, M. de Romas,
répéta cette dangereuse expérience et obtint,
pendant un orage, des jets de feu de trois mètres
de longueur, accompagnés d'un bruit semblable à
la détonation d'un pistolet de gros calibre.

Les nuages orageux sont diversement chargés
d'électricité; les uns recèlent l'électricité vitrée
ou positive ; les autres l'électricité résineuse ou
négative; il en est aussi qui, réunissant les deux
electricités, se trouvent à l'état neutre. Si l'on
observe, pendant un temps d'orage, les mouvements qui ont lieu parmi les nues amoncelées,
on pensera, avec raison, que les vents ne sont
point les seuls moteurs, et que les attractions et
répulsions électriques jouent un grand rôle dans
ces déplacements rapides. C'est ordinairement au
milieu de cette agitation générale que l'éclair
scintille et que gronde le tonnerre.

Des éclairs. — Lorsque l'étincelle électrique

jaillit, il y a décomposition et recomposition ins-
tantanée du fluide naturel, dans toutes les couches
de nuages où l'éclair a flambe.

On pourrait distinguer trois sortes d'éclairs :

1° Les uns brillants, rapides, en zigzag, par-
courant, au même instant, une immense étendue ;
c'est la foudre proprement dite, semant l'incendie
et la mort sur son passage.

2° Les autres occupent une plus large surface; ils n'ont ni la rapidité ni le vif éclat des
premiers ; ils projettent leur flamme blanchâtre
sur les contours des nuages et parfois sur les
nuages entiers.

3° Il est une troisième sorte d'éclairs, beaucoup
plus rares, apparaissant sous la forme de globes
de feu, et qui brûlent assez lentement pour que
l'œil puisse les suivre dans leur trajet. On les
nomme aussi *bolides, étoiles filantes*. Ces météores
sont composés de substances qui s'enflamment
dans l'air et se consument avant d'arriver à terre;
on en voit cependant, qui ne s'éteignent qu'après
leur chute sur le sol.

Le tonnerre. — Tantôt c'est un déchirement
subit, un craquement épouvantable; on croirait

que la voûte azurée s'écroule avec un horrible
fracas; tantôt ce sont des coups terribles, de formidables explosions, dont les ressauts parcourent
les plaines de l'air d'une extrémité à l'autre. Le
bruit qu'on appelle tonnerre s'explique par les
vibrations de l'air ébranlé. Le fluide électrique,
en s'ouvrant un passage à travers les nuages, a
dû former nécessairement un vide. Les couches
d'air environnantes se précipitent avec violence
dans ce vide et occasionnent la detonation. Le
bruit que produit un étui lorsqu'on l'ouvre brus-
quement; le doigt qu'on enfonce dans un dé à
coudre et qu'on retire instantanément, offrent, en
petit, un phénomène semblable à celui du tonnerre. Le bruit du tonnerre a quelque chose de
lugubre, de terrifiant pour le plus grand nombre,
et lorsque l'éclair a passé près de lui, l'homme,
troublé, pâlit, reste immobile d'effroi. Les peu-
plades sauvages, les animaux mêmes, éprouvent
aux éclats de la foudre, une invincible terreur, et
vont se réfugier, tremblants, au fond de grottes
profondes. De nos jours encore, les habitants de
la campagne, les femmes surtout, s'agenouillent,
timorées, exsangues, espérant conjurer la foudre
par une prière. Ne vaudrait-il pas mieux les éclai-

rer, leur faire comprendre, par une démonstration
à leur portée, ce que sont la foudre et le tonnerre?
Ne serait-il pas plus rationnel de les rassurer en
leur indiquant les moyens physiques de se préserver de la foudre, plutôt que de leur laisser croire
à la puissance préservatrice d'une amulette?

Formation de la foudre. — Deux nuages chargés
du même fluide se repoussent ; ils s'attirent s'ils
sont chargés de fluides contraires. L'action d'un
nuage orageux sur un point quelconque de la
terre, est de décomposer l'électricité naturelle des
corps, en attirant à leur surface le fluide contraire
à celui qu'il recèle ; si la tension est assez grande et
la distance convenable, l'étincelle jaillit du nuage
et ce point est foudroyé. La foudre frappe, de pré
férence, les corps qui s'élèvent au-dessus du sol :
les montagnes, les flèches des édifices, les clo-
chers, les maisons à pignons sont plus souvent
foudroyés que les constructions basses à faîtage
plat. Les grands arbres des forêts, les arbres isolés
dans la plaine, sont des abris dangereux pendant
l'orage : au lieu de s'y abriter, on doit, au contraire, s'en éloigner de vingt-cinq mètres au
moins. Mille faits déplorables prouvent que, lors-

que la foudre tombe sur un arbre, attirée par ses pointes, elle glisse aussitôt pour frapper la personne qui a eu l'imprudence d'y chercher un abri, car le corps humain est meilleur conducteur que le végétal.

Moyen de se préserver de la foudre. — Les personnes surprises par un orage, dans les champs, éviteront de s'abriter sous les arbres élevés, par la raison que nous venons de donner ; celles qui se trouvent dans leurs maisons commenceront par fermer les portes et fenêtres, afin d'intercepter les courants d'air. Elles s'éloigneront des objets métalliques, et surtout des cheminées, car c'est souvent par ces conduits, élevés en pointe au-dessus de la toiture, que la foudre pénètre dans les appartements.

CHAPITRE VII

HYMNE AU SOLEIL

Roi des astres, dieu du jour, ô soleil ! comment célébrer tes bienfaits et te témoigner notre reconnaissance ? Astre qui vivifie la nature et réjouis tous les êtres, comment te glorifier ?

A peine ton disque éblouissant se montre-t-il sur notre horizon, qu'aussitôt les ombres de la nuit se dissipent et le jour commence. La lumière et la chaleur, ces deux principaux agents de la vie, nous viennent de tes rayons. C'est toi qui fonds les glaces de l'hiver et nous ramènes le doux printemps. C'est toi qui émailles de fleurs nos prairies, qui fais monter la sève, éclater les bourgeons, sortir les feuilles et pousser aux arbres leur épaisse

7.

chevelure; c'est encore toi qui éclaires nos pay-
sages et fais ressortir leurs brillantes couleurs.
O soleil! sans toi, partout glaces et ténèbres,
champs arides et désolés, monotonie... tristesse...

Flambeau de l'univers, ô soleil ! quand tu pa-
rais, les oiseaux saluent de leurs chants ton bien-
faisant retour; les fleurs entr'ouvrent leurs corolles
et t'envoient leur encens; l'homme se réveille et
reprend ses travaux ; la vie, que la nuit avait suspendue, recommence plus active ; car le matin est
la phase du jour où le travail est le plus agréable,
le plus facile.

Arrivé au milieu de ta course diurne, tes feux
de midi mûrissent nos fruits et dorent nos mois-
sons ; ce sont eux qui vaporisent l'eau et la sus-
pendent sur nos têtes sous forme de nuages qui,
plus tard, doivent retomber en pluie pour fé-
conder la terre.

Pendant le temps que tu nous éclaires, depuis
ton lever jusqu'à ton coucher, la nature t'emprunte
ses couleurs et leurs diverses nuances. Comment
dépeindre le ciel de l'Occident lorsque tu quittes
notre hémisphère ? Tantôt ce sont des teintes do-
rées, étincelantes! tantôt des bandes argentées sur
leurs bords et rougeâtres à leur centre. D'autres

fois, l'horizon est tout en feu, et tu te couches au milieu des vapeurs ardentes que tes rayons ont allumées.

A ton lever, les couleurs du ciel sont moins variées, mais plus brillantes. A l'or qui d'abord domine, succèdent aussitôt des teintes rosées, opalines : quelques instants après ces teintes disparaissent sous la couleur blanche qui s'étend uniformément dans les plaines célestes, semblable à une gaze diaphane jetée sur un fond d'azur.

Quand dès l'aurore un immense nuage, né aux confins de l'Orient, grandit, s'avance et couvre toute l'étendue des cieux, quand les feux solaires ne peuvent en pénétrer la ténébreuse profondeur, le jour reste gris. Cependant une lutte s'engage entre les rayons lumineux et les noires vapeurs amoncelées de toutes parts. Si tu as le dessous, ô soleil ! dans cette longue lutte, la journée s'écoule triste et monotone ; la campagne reste morne ; sa verdure revêt une teinte plus sombre ; les fleurs sont aussi moins brillantes, et le chant des oiseaux plus rare. On dirait que, privée de tes rayons, la terre est en deuil, et sa tristesse gagne tous les cœurs. Mais, si tes rayons sortent vainqueurs de la lutte, s'ils parviennent à se faire

jour à travers les masses nuageuses, on les voit
se précipiter dans les trouées qu'ils ont faites, et
la plaine, les coteaux, se trouvent soudainement
éclairés de distance en distance ; il semble qu'un
nouveau jour commence. Pénétrés, brisés, mor-
celés par tes feux, les nuages suivent la direction
des courants supérieurs, puis s'arrêtent, s'amon-
cellent de nouveau dans un coin de la voûte céleste ; cette fois, inondés de lumière, ils revêtent
une blancheur éblouissante, simulant des montagnes d'argent.

Lorsque, par une de ces belles et rares jour-
nées d'hiver, ton disque, ô soleil ! resplendit dans
un ciel pur, tous les êtres vivants quittent leur
retraite pour jouir de ta présence. Le vieillard
aussi, abandonne un instant le coin du foyer pour
aller se réchauffer à tes rayons. Il se réjouit de
la chaleur dont tu le pénètres, et malgré le poids
des années, il sourit à l'espoir de revoir encore
le printemps, le doux printemps avec sa verdure
et ses fleurs, ses tièdes brises et ses mille parfums ; le printemps qui réveille en son cœur de
si charmants souvenirs !... Il espère le revoir encore... et cet espoir lui fait oublier pour un moment les amertumes du présent. Ce rapide éclair

de bonheur dans le cœur glacé du vieillard, c'est toi qui le fais naître, ô soleil ! Reconnaissance et gloire à toi, roi des astres !

UN COUCHER DE SOLEIL

EN AOUT 1858, A PARIS

C'est surtout pendant la période caniculaire que les couchers du soleil s'offrent dans toute leur magnificence ; voici la description exacte d'un de ces admirables couchers de soleil :

La journée avait été lourde, accablante de chaleur ; de gros nuages, aux flancs sombres, restaient suspendus sur nos têtes ; des bouffees brûlantes nous desséchaient le visage ; quelques éclairs dans le lointain annonçaient un prochain orage. Les nues s'étageaient les unes sur les autres et s'amoncelaient d'une manière sensible vers le couchant ; elles finirent par former un épais rideau qui déroba complètement à nos yeux l'astre du jour. Ce rideau, autrement dit ce *cumulus*, aux dimensions colossales, aux flancs sombres et ténébreux, envahit en peu de temps tout l'horizon. Cette partie du ciel, noire, bosselée, tendue, recelait tous les bruits, tous les accidents de l'orage ; on était dans l'attente... Les oiseaux ne chantaient plus ; l'homme des champs regagnait en toute hâte un abri ; lorsque tout à coup le vent se lève et souffle avec violence ; l'immense cumulus est partagé en deux parties, dont l'une se morcelle en petits nuages qui sont emportés par un courant rapide ; l'autre partie, imitant une montagne pyramidale, s'élargit à sa base et se dresse dans la hauteur du firmament. Le soleil, sur le point de se coucher, lance ses feux rougeâtres sur cette masse nuageuse, et, de la base au sommet, produit des effets d'ombre et de lumière les plus variés, les plus curieux à voir.

La base de cette nue pyramidale semblait être la proie de l'incendie. A sa partie moyenne, une foule de petits nuages, disposés en corniche, se montraient illuminés des feux du couchant ; une aigrette de feu étincelait au sommet de la pyramide, et dans les sombres interstices de la nue crevassée, les feux électriques flambaient par intervalles. Cependant on apercevait d'énormes lambeaux se détacher de la masse, rouler sur eux-mêmes, imitant d'épais tourbillons de fumée. Au milieu de ces tourbillons, on distinguait des teintes verdâtres, violacées, des lignes ardentes et des jets rutilants semblables à des flammèches. Toute la partie occidentale du ciel était d'un rouge feu, tandis que la partie orientale semblait recouverte d'un voile noir. Les spectateurs, ignorant la source de ces phénomènes atmosphériques, pouvaient croire qu'un vaste incendie dévorait l'un des faubourgs de la grande cité

Après quelques minutes de ce magnifique spectacle, la scène changea : la masse nuageuse se morcela en totalité et se dispersa, chassée, par la brise du soir, dans la direction du levant. Le ciel, en quelques instants, fut complètement nettoyé. Le soleil, sur le point de quitter notre hémisphère, se montra comme pour nous dire adieu, et disparut derrière un rideau de collines.

En ce moment l'horizon empourpré se reflétait au loin et embrasait les objets environnants. Peu à peu la couleur rouge ardent passa au rouge violacé, ensuite au jaune orange ; enfin cette dernière couleur, se délayant dans l'azur, forma un jaune clair sur toute la ligne de l'horizon.

Mais l'ombre s'avançant toujours, absorba les

dernières lueurs crépusculaires, et la nuit s'éten-
dit sur la grande ville... Une nuit tiède, étoilée
magnifique ! semblable aux nuits des contrées
orientales les plus privilégiées.

CHAPITRE VIiI

RESUME DE LA PHYSIOGNOMONIE

Dans nos divers ouvrages traitant de la beauté physique : *Hygiène des cheveux ;* — *Hygiène du Visage et de la Peau;* — *Hygiène des Pieds et des Mains, de la Poitrine et de la Taille ;* — *Hygiène de la Voix;* — *Les parfums de la Toilette;* — *Hygiène des baigneurs ;* — la *Vénus féconde,* ou *Hygiène* et *Calliplastie, etc.,* ouvrages qui ont obtenu le succès de plusieurs éditions, nous avons exposé les signes physiognomoniques fournis par chaque région, chaque partie et chaque trait du corps; nous tâcherons dans cet ouvrage de donner, au lecteur, une idée nette de la physiognomonie et le mettrons à même d'en faire une application facile.

La PHYSIOGNOMONIE est l'art de connaître
l'homme intérieur par l'homme extérieur; c'est-à-
dire d'arriver à une juste appréciation de ses facultés, de ses sentiments et passions, par les
signes, les qualités, les mouvements de son visage et des autres parties de son corps; par ses
gestes, son langage, ses regards, la couleur de sa
peau, de ses cheveux, etc., les signes offerts par
les divers tempéraments.

Depuis Aristote et Pline jusqu'aux travaux de
Gall, de Lavater, et depuis ce dernier jusqu'à
nos jours, l'immense série d'observations et d'ap-
plications physiognomoniques, faites par une
foule de savants, ne laissent aucun doute sur la
réalité de cet art. Mais, pour que le lecteur puisse
en acquérir la conviction, nous lui découvrirons
les bases solides sur lesquelles l'art physiognomonique est assis.

Il est désormais avéré que les idées, sentiments,
passions et déterminations ne peuvent avoir lieu
sans être accompagnés de mouvements dans les
fluides et solides de l'individu, d'où il résulte que
rien ne peut se passer à l'intérieur sans qu'il y
ait réflexion, plus ou moins sensible à l'extérieur.
Nos facultés actives ont, à l'intérieur, des foyers

où elles se développent, et à l'extérieur, d'autres foyers correspondant aux premiers. Ces seconds foyers, tels que les yeux, la bouche, le front, etc., sont autant de miroirs où les impressions morales viennent se réfléchir.

Pour bien étudier les signes physiognomoniques d'une passion, il faut choisir des sujets chez lesquels ces signes se montrent très apparents, par la raison que les mouvements extérieurs étant proportionnels aux mouvements extérieurs, l'énergie des premiers doit se trouver en rapport avec l'énergie des seconds.

Une fois que ces signes seront parfaitement connus, si l'on rencontre des sujets qui les offient, il deviendra facile d'inférer qu'ils possèdent à tel degré, telle heureuse faculté, telle bonne qualité, ou qu'ils sont enclins à tel défaut ou tel vice, selon l'énergie des signes. La succession et la réciprocité des mouvements vitaux, la sympathie ou retentissement d'un organe à l'autre, ne permettent pas de méconnaître ses relations intimes, qui existent entre le physique et le moral.

Pendant la première jeunesse, les organes et les tissus étant doués de souplesse et d'une grande élasticité, les signes passionnels résultant

des contractions musculaires, s'effacent aussitôt
que le stimulant cesse d'agir ; mais, à un âge plus
avancé, ces contractions, étant souvent renouve-
lées, les traits tirés par elles reviennent plus dif-
ficilement sur eux-mêmes ; une légère empreinte
commence à se montrer. Bientôt les rides se forment et, en peu de temps, des sillons indélébiles
se creusent sur la peau du visage. Alors, c'est en
vain que l'égoïste et l'avare cherchent à faire
croire à leurs libéralités, à leur dévouement ; que
l'être vicieux parle de ses vertus ; le poltron de
son courage, l'orgueilleux de sa modestie ; l'histoire de leur vie est ineffaçablement écrite sur
leur face ; le physionomiste y lit toutes les hontes,
les turpitudes, toutes les basses passions qui les
ont dévorés et dégradés.

Les oppositions et comparaisons de forme, d'expression, d'allure, de mouvements de certains
animaux avec la physionomie et les actions de
l'homme, fournissent des indications très pré-
cieuses, que Camper a parfaitement démontrées.
Ainsi, il est rare que les hommes, dont la physionomie a quelque rapport avec celle du tigre,
du lion, du bouc, du singe, du mouton, etc.,
n'offrent pas des penchants qui se rapprochent

des instincts de ces animaux. Etudiez cet individu
à la figure de chat, vous le trouverez hypocrite et
perfide; cet autre, à la figure de renard, sera fin,
rusé, trompeur. — Le cri retentissant de l'âne
ressemble assez à ces grands éclats de voix de certains orateurs, dont la seule éloquence réside dans
la force de leurs poumons. Les mouvements du
dindon, faisant la roue, peuvent aussi être comparés aux mouvements circulaires de ces fats in-
sipides qui mendient, sur les boulevards ou dans
les soirées, une sotte admiration et quelques ap-
plaudissements pitoyables.

Ainsi donc, d'après les démonstrations qui pré-
cèdent, la valeur réelle des signes physiognomoniques, ne saurait être révoquée en doute; mais
il ne serait ni sage ni rationnel de croire à leur infaillibilité, et de juger, en dernier ressort, des
qualités bonnes ou mauvaises des individus, de
leur accorder ou de leur retirer sa confiance sur
l'autorité de quelques signes. Sans doute, la physiognomonie apprend à connaître, assez vite, les
personnes qu'on fréquente, sans être obligé d'at-
endre l'expérience; elle découvre ou fait pres-
tsentir leurs qualités, leurs défauts, leurs penchants au bien ou au mal. Néanmoins, on ne doit

jamais asseoir son jugement sur un seul signe, car plusieurs signes sont nécessaires pour tirer une conclusion, et, encore, ne concluera-t-on pas de ces signes aux intentions dernières, mais seulement aux penchants et inclinations qui dérivent de l'organisation générale.

Telle est la réserve qu'on doit mettre dans l'induction physiognomonique pour éviter les regrets inséparables de l'erreur.

TABLEAU RÉSUMÉ

DES SIGNES PHYSIOGNOMONIQUES

A l'exemple des sculpteurs et peintres, nous diviserons le corps humain en trois régions : la *tête*, le *tronc*, ou torse, et les *membres*, ou extrémités.

TÊTE

GROSSE TÊTE : Annonce un sujet paresseux, dormeur, sot, entêté. — *Petite tête sur un grand corps :* imagination vive, aidente, coloriée; jugement peu sûr, esprit plus brillant que solide; caractère emporté, indocile. — *Tête moyenne :* jugement sain; imagination médiocre; caractère égal, posé; esprit sage, réfléchi.

Une petite tête, bien conformée, vaut mieux qu'une grosse tête disproportionnée avec le reste du corps. On regarde, comme bien conformée, une tête oblongue, convexe à la région frontale et occipitale, un peu aplatie sur les tempes, et offrant une forme ovalaire dans sa coupe horizontale. En général, la convexité des régions antérieure et postérieure de la tête, sont un signe de vivacité d'esprit, d'un caractère ardent et d'une brillante imagination; l'aplatissement et la concavité de ces régions indique un esprit moins vif, mais un jugement rassis, un caractère égal et modéré.

PORT DE LA TÊTE. — *Raide sur le cou, jetée en arrière :* jugement faible, caractère dur, arrogant, emporté. — *Baissée :* lenteur, paresse, timidité, esprit méditatif. — *Droite :* jugement sain, caractère égal, ferme sans dureté.

FACE. — *Large et plate :* paresseux, idiot, stupide. — *Très petite et convexe :* vif, mobile, rusé, querelleur. — *Large et carrée :* caractère faible, peu d'esprit. — *Ronde :* esprit inventif, caractère impressionnable. — *Ovale :* jugement sûr, caractère égal.

Front. — *Large* d'une tempe à l'autre, offrant deux légères proéminences, près de la ligne médiane est le signe d'une intelligence très développée, l'indice d'un esprit supérieur. — Le front *bas, rugueux* est l'indice contraire. — *Plat et disproportionné :* esprit lent et paresseux. — *Petit, bas et convexe :* esprit peu développé ; imagination nulle. — *D'une grandeur médiocre :* spirituel, généreux.— *Ridé, refrogné :* pensif, soucieux, avare, ambitieux.— *Bas :* sentiments abjects ; hypocrite, méchant. — *Poli :* spirituel, flatteur. — *Proéminent :* imagination vive ; esprit profond. — *Raboteux :* esprit tortu ; caractère rugueux, âpre ; mauvaises mœurs.

Tempes. — *Convexes :* peu d'esprit.— *Légèrement caves :* esprit délié, ouvert.— *Velues :* lascif, gourmand. — *Sillonnées de veines :* caractère prompt à s'emporter.

SOURCILS. — *Arqués, larges et se touchant :* orgueilleux, colère, entêté, audacieux. — *Petits et fins :* esprit délicat, caractère timide. — *Horizontaux et minces :* caractère gai, ouvert ; esprit agréable et délié.

PAUPIÈRES. — *Longues, épaisses :* peu d'activité, dormeur. — *Grosses, ridées :* esprit lourd ; effronté. — *Très mobiles :* caractère timide ; esprit versatile.

YEUX. — *Grands et langoureux :* caractère bon et confiant ; esprit médiocre. — *Petits et pétillants :* esprit plein de verve ; caractère vif, beaucoup d'activité et de pénétration. — *Moyens et brillants :* bon cœur, esprit sage, âme généreuse. — *Très saillants :* beaucoup de mémoire ; peu de jugement ; caractère faible. — *Petits et enfoncés :* esprit fort ; caractère énergique. — *Gros et larmoyants :* Faiblesse d'esprit, perfidie, sensualité. — *Bien fendus, secs et brillants :* orgueilleux, emporté, opiniâtre ; imagination développée. — *Taillés en amandes et un peu humides :* cœur aimant, langoureux, esprit facile ; caractère faible et bienveillant. — *Ternes et blanchâtres :* esprit pares-

8

seux, timide ; cœur froid, égoïste. — *Gris :* esprit
solide : caractère obstiné. — *Roux :* ambitieux,
avare, ivrogne, brutal. — *Noirs, étincelants :* spirituel, courageux, téméraire. — *Bleus :* excellent
cœur ; caractère doux ; esprit calme et confiant.

PRUNELLES. — *Très larges :* esprit et caractère
faible. — *Inégales :* esprit tortu, caractère bizarre.
— *Fixes :* esprit absorbé, comtemplatif. — En
général, les yeux qui se meuvent rapidement
annoncent un caractère vif ; ceux qui se meuvent
lentement indiquent un esprit paresseux, un
tempérament lourd. Dans l'*Hygiène du Visage*,
nous avons démontré, avec détail, que les mouvements de l'œil decelaient les mouvements du
cœur et de l'âme.

OREILLES. — *Très petites :* timide, craintif. —
Très grandes : peu d'intelligence. — *Rouges :* sensuel, pudibond. — *Pâles :* dédaigneux, effronté.
— *Détachées :* doux et docile. — *Plates et collées
sur le crâne :* opiniâtre, indocile, peu aimable.

NEZ. — *Droit :* esprit grave, sentiments généreux. — *Grand et aquilin :* jugement sain ; caractère ferme. — *Long, en éteignoir :* esprit lent ; ima-

gination faible ; envieux, dépréciateur, satyrique.
— *Camaid :* suffisant, dédaigneux, caustique,
railleur, impertinent. — *Court, gros et rouge par
le bout :* colère et brutal. — *Très petit, retioussé.*
esprit léger, moqueur, inconstant, curieux et
frivole.

NARINES. — *Larges et très ouvertes :* arrogant,
emporté, sensuel. — *Longues et pointues :* esprit
subtil et sagace ; humeur contentieuse.— *Retirées
en arrière et relevées :* petit esprit, dédaigneux,
vain.

BOUCHE. — *Grande :* audacieux, intempérant,
glouton. — *Petite :* sobre, timide. — *Un peu ouverte :* simple et naïf. — *Béante :* idiot, pusilla-
nime. — *Lèvres fines, horizontales :* finesse d'esprit, bon naturel. — *Lèvres minces :* méchanceté,
avarice. — *Epaisses, la supérieure avancée :* caractère lent, paresseux. — *Lèvre inférieure grosse et
pendante :* penchants lascifs, esprit grossier. —
Commissures relevées : caractère gai, esprit aimable. — *Commissures rabaissées :* esprit grave,
caractère sérieux, froid. — *Lèvres en chevron peu
brisé :* doux, tendre, compatissant. — *Arc de la*

bouche, dont la convexité est tournée en bas : caractère faux et vil. — *Lèvres pincées :* bourru, quin-
teux, mauvaise humeur.

DENTS. — *Serrées :* caractère dur, entêté. —
Longues et aigues : audacieux, vorace, colère. —
Petites, plates, séparées : faible et timide.

MENTON. — *Carré :* volonté ferme, opiniâtreté.
— *Allongé :* bavard, indiscret, curieux. — *Rond :*
doux et timide. — *Fourchu :* caractère aimable et
jovial.

BARBE. — *Douce et luisante :* amoureux, tendre,
sociable. — *Epaisse et noire :* jugement sûr, caractère ferme. — *Rude, hérissée :* caractère raide,
emporté, revêche.

COU. — *Gros et court :* esprit grossier, caractère
brutal. — *Long et mince :* rusé, spirituel. — *Sil-
lonné de grosses veines :* enclin à la colère.— *Raide :*
revêche, dur, obstiné. — *Penché en avant :* pensif,
triste ou timide.

Les lignes horizontales du visage indiquent généralement l'équilibre, l'harmonie du physique

et du moral ; un esprit posé, un jugement sain, des passions douces. Au contraire, les lignes arquées, tortueuses décèlent un caractère hautain, fier, dédaigneux, difficile, opiniâtre. Les lignes arquées et dont la convexité est tournée en bas, désignent un naturel timide, un esprit rusé, un caractère faux.

Les visages empreints de timidité, de douceur, de finesse et dont les muscles ont beaucoup de mobilité, se rapprochent du sexe féminin. Les visages qui sont fortement sculptés, dont les traits ont quelque chose de rude et d'énergique, se rapprochent du sexe masculin.

Une circonstance essentielle dans l'étude de la physiognomonie, c'est l'observation suivie des relations et rapports qui existent entre certains traits et certaines formes. Ainsi, telle espèce de nez s'accorde parfaitement avec telle partie secrète ; telle lèvre avec telle autre ; telles mains avec tels pieds, et *vice versa ;* en sorte qu'un observateur exercé peut, en classant les diverses formes visibles, propres à chaque partie du corps, deviner, à peu près, la forme des parties qu'il ne voit point. Par exemple, les sujets qui, dans leur jeunesse, ont un nez long et aquilin, se font remarquer, plus tard, par la longueur de leurs jambes ou de leurs pieds, quelquefois de leurs mains. Il existe des physionomistes qui, en examinant, par-derrière, une femme marcher, connaissent, à peu de différence près, la conformation des traits de son visage et de sa poitrine.

¡TRONC OU TORSE

Tronc. — *Carré, large à sa base :* Fort, robuste, courageux. — *Bombé sur le devant, poitrine ailée :* esprit délié, tête active, penchants amoureux, santé faible. — *Étroit à sa base :* fatuité, sottise.

Épaules. — *Larges et fortes :* esprit solide, caractère ferme. — *Étroites et petites :* faible et timide, rusé, imagination vive.

Poitrine. — *Large et carrée :* esprit solide caractère ferme. — *Étroite et resserrée :* rusé, timide, amoureux. — *Charnue :* paresseux, lent, caractère indécis ; esprit féminin. — *Velue :* cœur chaud, lascif.

CÔTES. — *Épaisses et larges :* force physique, courage, fermeté de caractère. — *Étroites et faibles ·* timide, efféminé. — *Proéminentes :* indiscret, bavard.

MAMELLES. — *Grasses, pendantes :* mou, efféminé ; timidité, poltronnerie. — *Hautes et fermes :* vivacité, courage, fermeté.

VENTRE. — *Large et plat :* jugement sain, force de caractère. — *Étroit :* prévoyant, timide. — *Gros :* gourmand, intempérant, bavard, esprit grossier. — *Velu :* tempérament chaud, voluptueux, lascif.

MEMBRES OU EXTRÉMITÉS

Les extrémités musculeuses et tendineuses, solidement articulées, annoncent la force physique ; lorsqu'elles sont courtes, charnues, arrondies, elles dénotent un caractère timide.

JAMBES.— *Grêles et nerveuses :* penchants amoureux. — *Petites, arrondies :* mollesse, timidité. — *Mollet haut et carré :* force, courage. — *Bas et allongé :* faiblesse, pusillanimité.

MAINS ET PIEDS. — *Longs, larges, carrés, fortement articulés :* caractère ferme, esprit solide, vigueur physique. — *Courts, étroits, arrondis :* cœur et esprit faibles. — *Doigts effilés :* douceur, générosité. — *Doigts noueux et crochus :* égoïsme, avarice, usure ; âme vile et grossière.

SIGNES OFFERTS PAR LA PEAU

COULEUR. — TEINT. — Un grand nombre de physionomistes ont observé, dans l'échelle humaine, que la *transparence des chairs et la pureté du teint* annonçaient un caractère ouvert, un esprit gai, d'heureux penchants ; qu'au contraire, une *couleur sombre*, un *teint jaunâtre, plombé*, annonçait un esprit sérieux, concentré, un caractère chagrin, sombre et pensif. Cela nous semble conforme à la vérité, car, les passions compressives : la crainte, la colère, la haine, la jalousie, l'envie, etc., altèrent ou effacent ces fraîches couleurs, apanage de la santé et qu'entretiennent les passions expansives. On sait que la *fraîcheur du teint* et la *souplesse de la peau*, indices de santé, de jeunesse, disparaissent devant les passions tristes, la maladie et la vieillesse. — Une couleur *blafarde*, inanimée, indique un défaut d'énergie physique et morale. — Une couleur *gros-rouge*, sur toute la face, décèle un naturel violent, emporté, ou la passion du vin. Les *changements de couleur, prompts et fréquents,* sont le signe d'un esprit mobile, précipité, d'une grande vivacité de caractère, et de sensations aussi vives que rapides. Chaque passion ayant sa couleur et sa teinte, si une personne change promptement et souvent de couleur, c'est une preuve qu'elle change fréquemment de passions et de résolutions.

La *finesse*, la *douceur* et le *poli* de la peau annoncent un caractère doux, un esprit liant et facile. — La *rudesse* et les *inégalités* de la peau indiquent un esprit âpre. revêche; un caractère fort inégal.

Les plis et sillons de la peau fournissent des signes très caractéristiques; ainsi les *plis horizontaux* sont propres aux esprits sages, modérés, aux naturels bons et tranquilles.

Les *plis obliques et tortueux,* qui se croisent
comme des hachures, révèlent un esprit rusé, versatile, irrésolu, plus subtil que juste; tels sont
les courtisans et ceux qui leur ressemblent. Ils ont
beau dissimuler leur naturel, le physionomiste
aperçoit, dans ces plis, ce qu'ils ont été et ce qu'ils
sont.

L'endroit, où se forment les plis, a beaucoup
d'importance. En général, les *plis verticaux* sont
de mauvais augure, surtout lorsqu'ils se trouvent
à la base et à la racine du nez, aux commissures de
la bouche au-dessous des yeux et près de leur petit angle. Le *pli vertical* qu'on voit au coin de
certaines bouches et qui se forme sous l'influence
du rire et de la malignité, est toujours un mauvais signe. Les *plis horizontaux* et, particulièrement, ceux du front annoncent, au contraire, de
bonnes qualités.

Les poils et cheveux, espèce de végétation animale, dont la peau est le champ, participent nécessairement des qualités du sol. — Les *poils
rudes, redressés,* sont le signe d'un esprit âpre et
difficile; d'un caractère opiniâtre, dur et brutal.
Les *poils et cheveux doux* parlent en faveur de l'esprit et du caractère.

La *couleur foncée* du système pileux, ainsi que son abondance, indiquent généralement l'énergie morale et la force physique. La *couleur claire ou blonde* est l'indice, hormis les exceptions, d'une force et d'une énergie moins développées ; de passions tendres, d'un esprit et d'un caractère pleins de douceur.

Les *cheveux roux* font pressentir des penchants cruels, un caractère violent, emporté, jaloux, très irascible et, parfois, fougueux. D'autres fois, au contraire, les roux sont patients, doux, tranquilles et d'une bonté remarquable. Ces contrastes qu'offrent les sujets à cheveux roux, ont donné lieu au proverbe vulgaire : *Les roux sont tout bons ou tout mauvais.*

Enfin, les observations de tous les physionomistes anciens et modernes, s'accordent sur ce point, que la masculinité ou tempérament de la force, de l'énergie, de l'intrépidité, se rencontre dans un *teint brun* et dans un *système pileux, brun ou noir*, très abondant ; tandis que les *teints blancs, clairs, rosés* avec des *cheveux blonds* ou *cendrés*, appartiennent à la féminité.

SIGNES OFFERTS PAR LA VOIX.

La clé, le ton, le mode et le timbre de la voix, dans l'échelle musicale, répondent à leurs analogues dans l'échelle morale ; de manière qu'on peut appliquer, à l'esprit et au caractère, les qualifications propres à la voix.

Une voix *aigre, plaintive* fait reconnaître une âme faible et compatissante.

Une voix *grave, forte, uniforme* révèle un esprit solide ; un caractère égal et ferme sans dureté.

Une voix *haute*, à *timbre criard*, de même qu'une voix *basse* et *rude* sont également l'indice d'un esprit difficile, d'un caractère hautain, peu aimable.

Une voix *sonore* et *douce* se rencontre ordinairement chez les personnes affectueuses, bienveillantes, et d'un commerce agréable.

La voix *double*, dans la même personne, c'est-à-dire une voix de *basse* et de *soprano*, dénote un caractère double et changeant, un esprit léger, peu solide ; car, ces deux voix réunies, chez la même personne, semblent dire qu'elle peut être dominée par deux passions contraires.

La voix, qui va toujours en *montant*, désigne un sujet facile à s'emporter. La voix qui va, au contraire, toujours en *baissant*, annonce un caractère faible, se décourageant au moindre obstacle. Dans le premier cas, la tension des cordes vocales représente l'irritabilité ; dans le second cas, le relâchement des cordes indique l'affaissement.

Les *fréquents changements de ton* annoncent de fréquentes inégalités dans l'esprit et le caractère.

SIGNES OFFERTS PAR LES MOUVEMENTS EXTÉRIEURS OU GESTES

Si les gestes ne sont que la manifestation des mouvements intérieurs, ils devront être egaux à la force ou à la faiblesse de ces mouvements, et les rendre avec plus ou moins de fidélité. Le rapport entre les quantités de mouvements, dépend, dans la machine humaine comme dans toute autre machine, de la puissance et de la résistance. On peut, figurément, traduire la puissance par l'instinct et la résistance, par l'éducation ou le milieu dans lequel on vit. On sait que les personnes vives, irritables, emportées, et que l'usage du monde n'a pas redressées, ont la mauvaise habitude de gesticuler en parlant et de toucher leurs interlocuteurs, quelquefois même assez rudement. Les paysans expriment leur amour par des gestes dont la brutalité laisse souvent des traces ; leurs caresses ressemblent à des coups et feraient crier de douleur nos délicates citadines.

Les *mouvements durs, saccadés, brusques, anguleux* annoncent un caractère irritable, impatient, opiniâtre, agressif.

Les *mouvements mal développés, lents, embarrassés*, indiquent un esprit inculte, lourd, stupide. Mais si ces mêmes mouvements sont entremêlés de *mouvements vifs* et *bien dessinés*, ils dénotent la gêne, la timidité par le manque d'usage. Faute de cette distinction, il est facile de confondre un homme d'esprit, timide et gauche, avec un sot.

Les *mouvements doux, arrondis, modérés*, sont l'indice d'un esprit cultivé, d'un caractère aimable et de la connaissance parfaite des usages du monde.

Les *mouvements énergiques* sans brusquerie, *égaux* et *carrés* annoncent la solidité de l'esprit et la fermeté du caractère.

Les *mouvements graves et larges* révèlent un esprit sérieux, réfléchi et un caractère posé.

Les *petits mouvements prétentieux, visant à l'effet, coquets* en apparence, mais, *compassés, symétriques* et constamment les mêmes, donnent une idée fort triste de la valeur intellectuelle de l'individu.

Les mouvements du visage, et particulièrement ceux des yeux, retracent assez fidèlement les mouvements du cœur et de l'âme. On trouve dans l'*Hygiène du Visage* une étude fort intéressante du langage des yeux; nous y renvoyons le lecteur.

En général, les *grands mouvements*, et surtout ceux du visage, sont regardés comme signes défavorables; ils décèlent un sujet à passions violentes, et qui n'a point la force de leur résister. Les grands éclats de rire signalent ou une âme faible, qui se laisse dominer par les événements; ou un esprit satyrique, une âme pétrie de méchanceté, qui se réjouit des malheurs d'autrui. On peut dire que la bonté et la sagesse sont en raison inverse de l'amplitude et de la durée du rire.

Les *fréquents changements* dans l'étendue, la force, la vitesse et la durée des gestes et mouvements sont l'indice d'un esprit et d'un caractère très mobiles.

Le physiognomoniste praticien exercé, considère moins la signification conventionnelle, ou acquise, que l'expression naturelle des gestes et mouvements. Son habitude de discerner les uns et les autres lui permet de déterminer le genre, le degré, la durée des passions et affections de l'individu qu'il explore; de deviner ce qui se passe en lui, et ce que seraient ses paroles ou ses actions s'il venait à parler ou agir.

SIGNES OFFERTS PAR LES TEMPÉRAMENTS

Les signes physiognomoniques offerts par les tempéraments pour connaître les qualités physiques et morales de l'homme, ne sont pas à négliger; nous allons nous en occuper sommairement.

Tempérament sanguin. — Caractère enjoué, esprit aimable ; excellent cœur. Les sanguins sont amateurs de fêtes, de banquets, et de tout ce qui flatte les sens ; bien souvent ils négligent les affaires sérieuses pour les plaisirs mondains ; — l'imagination égare, chez eux, le jugement ; ils oublient les conseils de la sagesse et se jettent dans les dissipations où les entraîne leur tempérament. — Lorsque l'amour vient les frapper, ils aiment avec passion ; mais, ils sont volages ; leurs émotions sont vives, mais passagères, c'est pourquoi les peines de cœur, les chagrins ne laissent que des empreintes peu profondes. — Les sanguins sont braves, généreux, mus par de beaux sentiments ; l'honneur est pour eux un mobile plus puissant que l'intérêt. — Leur physionomie franche, ouverte, prévient en leur faveur et les rend agréables dans la société. — Les physiologistes considèrent ce tempérament comme le plus favorisé de la nature.

Tempérament bilieux-nerveux. — Les sujets appartenant à ce tempérament mixte, ont la couleur de la peau pâle ou jaunâtre ; les cheveux bruns ou noir foncé ; — les membres sont secs,

forts et tendineux ; — l'appareil digestif fonctionne énergiquement ; — leur système nerveux
est très excitable ; les bilieux ont les passions très
vives. L'amour tient une grande place dans leur
jeunesse et l'âge viril ; ils aiment passionnément
et avec constance ; ils sont confiants mais, si une
circonstance malheureuse fait naître leurs soup-
çons ; si les venins de la jalousie viennent les em-
poisonner ; alors, ils sont irascibles, emportés,
furieux !.., — Très sensibles aux injures, aux
mauvais traitements, ils en conservent rancune
et pardonnent rarement. — Les bilieux-nerveux
ont l'imagination brillante, et le travail opiniâtre.
Ils poursuivent une idée jusqu'à sa réalisation
possible. Ils possèdent, en général, de grandes
qualités, mais aussi une ambition démesurée. —
C'est parmi eux qu'on voit surgir des hommes
dont l'histoire conserve les noms : Charlemagne,
Louis XI, Cromwell, Crébillon le Tragique,
J.-J. Rousseau, Robespierre, Napoléon Ier, etc.

TEMPÉRAMENT LYMPHATIQUE PUR. — Les sujets
appartenant à ce tempérament, se reconnaissent
à la lenteur de leurs mouvements, à la placidité
de leur caractère et à leur peu d'énergie. Si l'ima-

gination leur fait défaut, ils possèdent, en revan-
che, un jugement sûr et une mémoire fidèle. Ils
sont exempts de ces passions fougueuses qui
usent les ressorts de la vie ; — s'ils ne connaissent
pas les violents transports de l'amour, ils en
ignorent les tourments, les chagrins. — Maîtres
d'eux-mêmes, tout ce qu'ils font est calculé ; ils
ne se lancent jamais dans les affaires douteuses.
— Maris tendres, pleins d'égards pour leurs
femmes ; excellents pères ; amis sincères quoique
peu démonstratifs, leur existence s'écoule douce-
ment, sans qu'un orage n'en trouble le cours.

Nota. Il ne faut pas confondre le *lymphatique
pur,* dont on vient de lire la description, avec le
LYMPHATIQUE NERVEUX. Ce dernier tempérament
mixte tient du premier par la prudence, la réflexion, et du second par un développement no-
table de certains organes cérébraux qui, étant mis
en jeu, produisent des hommes marquants dans
les sciences, la poésie, la littérature et les arts.
On cite bon nombre de savants, de littérateurs et
d'artistes dont les noms ont acquis une célébrité
méritée.

Tels sont les aperçus physiognomoniques, dé-
barrassés de tout détail inutile, que nous don-

nons à nos lecteurs, en leur renouvelant la re-
commandation d'être sobres de jugements préci-
pités et, surtout, d'être très réservés dans leurs
conclusions; car, si la physiognomonie, sagement
appliquée, est d'un grand secours dans une foule
de circonstances, elle peut aussi, par des applica-
tions contraires, intempestives, devenir la source
d'erreurs fort déplorables.

CHAPITRE IX

LES ABOLITIONISTES DE LA PEINE DE MORT

I

Depuis quelques années la Presse s'est mise en campagne contre la peine capitale; chaque fois qu'un assassin est condamné, les journaux recommencent à reproduire leurs clichés, à ce sujet. Nous ferons observer que pour traiter cette grave question, il ne suffit pas d'être journaliste, avocat; il faut connaître à fond l'organisation *phrénologique* de l'individu, autrement dit la connaissance parfaite des instincts et penchants dont la nature l'a pourvu. Des études spéciales sur la

9.

conformation du cerveau sont indispensables pour avoir des notions exactes sur le physique et le moral et juger sainement. Les adversaires de la peine de mort qui n'ont point fait ces études, émettent des théories très subtiles mais qui généralement pèchent par la base.

Nous avons déjà dit que s'il est naturel de tuer la bête féroce se jetant sur vous pour vous dévorer, il ne l'est pas moins d'en agir de même envers l'assassin ; mais, comme celui-ci porte toujours ses coups en traître, le meurtre suit ordinairement l'attaque ; alors, c'est à la loi de venger la victime par une condamnation à la peine capitale. — Nous croyons donc, contrairement aux abolitionistes, que la justice n'est pas assez sévère envers les assassins ; la *Gazette des Tribunaux* en fournit journellement des preuves ; nous en extrayons les trois faits suivants :

Un parricide qui de sang-froid noie son père dans une mare, en lui tenant la tête plongée jusqu'à la mort. — Un ivrogne, vraie brute, qui tue sa femme enceinte à coups de pied dans le ventre, sur le refus de celle-ci, de lui donner de l'argent pour aller boire à nouveau, étant déjà dans un état d'ivresse. — Ces assassins n'ont été condamnés qu'à vingt ans de travaux forcés, parce qu'il est d'usage aujourd'hui de trouver des circonstances atténuantes. — En bonne justice, ces deux scélérats ne méritaient-ils pas la peine capitale?

Le troisième fait est encore plus abominable, le voici, en abrégé : — Trois forçats condamnés à vingt ans, pour assassinats, ayant fini leur temps de bagne, furent conduit par la gendarmerie pour être internés dans une ville du Midi. L'un des trois, le plus dangereux, déjà coupable de trois assassinats, parvint à s'échapper pendant le trajet. Vers le soir, il entra dans une ferme isolée dont la famille était aux champs, et demanda à manger et à boire. Pendant que la servante était descendue à la cave, le forçat saisit un couteau laissé sur la table, et le plongea, jusqu'au manche, dans la poitrine d'un vieillard, assis devant la cheminée, qui tomba sans pousser un cri : le cœur avait été traversé. — Au moment où la servante allait sortir de la cave, l'assassin lui transperça la poitrine avec le même couteau sanglant; il la renversa sur les escaliers et ferma immédiatement la porte, puis, il brisa une armoire, y prit l'argent qu'il y trouva et décampa à toutes jambes.

A la tombée de la nuit, le fermier, sa femme et

ses deux fils revinrent des champs, et restèrent terrifiés en découvrant les deux cadavres. Après le premier saisissement, les deux jeunes gens s'armèrent pour aller fouiller un ravin boisé, espérant y découvrir le meurtrier; peine inutile, ils rentrèrent à la ferme, bien avant dans la nuit sans avoir rencontré personne.

Le lendemain, le père et ses deux fils allèrent à la ville faire leur déclaration à l'autorité. On mit, au plus vite, la gendarmerie sur pied, on télégraphia, mais inutilement; l'assassin avait pu se sauver.

Six mois après, ce même scélérat conduit enchaîné, par deux gendarmes, pour de nouveaux meurtres, à Paris, fut enfermé provisoirement dans une prison qu'on nommait *la Force*, aujourd'hui démolie. — Cet assassin, doué d'une grande énergie, et d'une force musculaire très développée, parvint, au moyen d'un barreau de fer, arraché à un soupirail, à percer le mur de la prison, mitoyen à un bain public. Par un singulier hasard, le trou, pratiqué pendant la nuit, s'ouvrait sous une baignoire, dans laquelle un homme prenait un bain. — Arrêté par cet obstacle, le prisonnier, très vigoureux, multiplia ses efforts et finit par déranger la baignoire. Le baigneur effrayé poussa des cris aigus ; mais frappé, à coups redoublés, sur la tête, avec le barreau de fer, il s'affaissa dans le bain et s'y noya — Un garçon accouru aux premiers cris, fut aussi assommé, et l'assassin, sautant par une croisée, se sauva dans le jardin et s'élança dans la rue. — Poursuivi par plusieurs personnes, il blessa celles qui s'approchaient de trop près, lorsqu'un garde national, descendant la garde, se jeta sur lui pour l'arrêter. L'assassin furieux, lui enleva son sabre et le tua raide, d'un coup de pointe dans le ventre. Des sergents de ville, attirés par les cris de la foule, purent enfin s'en rendre maîtres ; ils le garottèrent comme une bête féroce et l'emportèrent au poste, où il resta, écumant de rage, jusqu'au soir.

Lorsque la nuit fut venue, on plaça ce criminel toujours garrotté, dans une voiture, escorté de deux gendarmes à cheval, jusqu'à la prison, où on le jeta dans un cachot, en attendant son jugement.

Le pauvre garde national, père de cinq enfants, fut enterré le surlendemain. On fit une souscription pour la veuve ; le ministre lui envoya un secours ; mais elle n'avait plus de mari, soutien de la famille, et les enfants n'avaient plus de père...

Ce monstre, six fois assassin et peut-être plus, qui avait mérité six fois la peine capitale, vous, abolitionistes, voudriez lui conserver la vie?... Allons donc !... Vous ne parleriez pas ainsi, avouez-le, si un ou plusieurs membres de votre famille avaient été assassinés par de pareils scélérats.

— Vous objecterez que de tels crimes sont des exceptions dans notre société. Malheureusement ces exceptions se rencontrent trop fréquemment, et la loi qui supprime l'assassin d'une manière *absolue*, est une loi juste, nécessaire pour protéger l'honnête homme.

II

Si vous demandez aux abolitionistes pourquoi cette croisade contre la peine de mort, ils vous répondent : Parce qu'on peut condamner un innocent. — Parce que la loi qui autorise de tuer un homme est une loi barbare, indigne d'un pays civilisé.

D'abord, la première assertion n'est pas soutenable, attendu qu'il est *infiniment* rare qu'un jury condamne à mort un innocent, ensuite parce qu'on ne rapporte pas une loi sur une exception.

La seconde assertion se retorque d'elle-même : Les assassins sont-ils moins barbares que la loi?

Dans le cas où l'on soumettrait cette question à un philosophe naturaliste, il est probable qu'il tiendrait ce raisonnement : — Si c'est l'horreur du sang versé qui offusque les abolitionistes, pour être logiques ils doivent imiter les sectes de l'Inde qui s'abstiennent strictement de manger de la chair des animaux; mais, s'ils tuent les divers animaux pour en faire leur nourriture et satisfaire leur sensualité; alors, ils sont en contradiction avec leur principe. En effet, remarquez que ces animaux ont des organes, un sang, et des instincts, comme nous, et qu'ils ont, comme nous, le droit de vivre. Pourquoi les tuer?... Qu'on fasse la chasse aux bêtes féroces, dangereuses, comme on doit la faire aux assassins, on est dans son droit; mais tuer la mère et l'agneau, la vache et le veau; la poule, la perdrix, le faisan, etc.... quel mal vous ont-ils fait? Loin d'être dangereux ou nuisibles, ils nous sont utiles, c'est pour cela

que vous les tuez et les mangez? Cette manière
d'agir est loin de prouver *rigoureusement* que
les abolitionistes modernes aient une profonde
horreur pour le sang versé. — Plusieurs philosophes de l'antiquité croyant à la *métempsycose*,
pensaient que les corps des animaux recélaient
les âmes des défunts. Vous, qui les considérez
comme des brutes, connaissez-vous leur essence ;
savez-vous s'ils ne cachent point, sous leurs
formes, des êtres dont vous n'avez aucune idée,
et s'ils ne remplissent pas, sur notre planète, un
rôle que vous ignorez et que vous ne saurez jamais ?...

Cette digression, qui fera sourire plus d'un lecteur, est pour démontrer que l'homme le plus savant n'en sait pas plus sur l'origine des êtres et
des choses, que le paysan le plus ignare.

III

CONCLUSION

Dès l'antiquité la plus reculée, en tous lieux et
chez tous les peuples de la terre, la peine de mort

exista contre les assassins et les traîtres ; ce fait est consigné dans ce qui nous reste de l'histoire des premiers âges. Or, vouloir argumenter contre ce *consensus omnium* est une *monomanie*.

Depuis quelques années, les vols, les attaques nocturnes, les assassinats, dans la capitale, se sont multipliés d'une manière effrayante. Les rôdeurs de nuit, gens sans aveu et presque tous repris de justice, attaquent lâchement les malheureux piétons attardés, et commencent par les assommer ou les poignarder avant de les dépouiller. De telle sorte que, malgré le dévouement des sergents de ville, des vols et des meurtres fréquents se commettent chaque nuit, et que l'honnête homme n'a point la certitude de rentrer, sans accident, au domicile. Si l'on appliquait, comme autrefois, la peine du *talion* à ces gredins, si on les traitait de la manière dont ils ont traité leurs victimes, soyez persuadé qu'ils y regarderaient à deux fois avant de perpétrer leurs crimes. Les tribunaux ne sont point assez sévères contre les assassins; on invoque presque toujours, en leur faveur, les circonstances atténuantes, et ces brutes à face humaine, sont condamnés à la prison à temps ou au bagne à perpétuité.

Les abolitionistes n'ont, sans doute, jamais lu les pages éloquentes de plusieurs écrivains renommés, qui prouvent péremptoirement que les bagnes, loin de corriger les assassins donnent le résultat contraire : ils y entrent gangrenés et en sortent pourris jusqu'aux moelles. Ainsi qu'on ne peut redresser le tronc tortu d'un arbre en pleine vigueur, de même, lorsque l'instinct du crime a pris racine au cerveau, on ne saurait l'extirper. — Aussitôt que leur peine est finie ou qu'ils peuvent s'évader du bagne, les forçats recommencent leur métier de voleurs et d'assassins ; il n'y a logiquement que la peine capitale ou la déportation à vie qui puissent débarrasser la société de pareils scélérats. Pourquoi n'imitons-nous pas les Anglais, nos voisins, qui expulsent sans retour, de la mère-patrie, les malfaiteurs récidivistes condamnés au bagne.

Nous terminons, en résumant quelques *données* phrénologiques sur les *criminels par instinct*, c'est-à-dire sur les êtres dangereux dont l'organisation cérébrale accuse des *penchants* au vol, à la rixe, au meurtre, etc., et qu'il serait possible de redresser, *pendant la jeunesse*, comme on redresse les difformités physiques.

Ces faits aussi nombreux que véridiques prouvent qu'on peut corriger et même supprimer, les
mauvais instincts, en s'y prenant dès le bas âge.
Le moyen d'obtenir cet immense résultat, pour
la société, serait d'*atrophier* les mauvais instincts
et de *développer* les bons, par une éducation et
des exercices phrénologiques, sans relâche. Mais,
le luxe, l'égoïsme, la soif de l'or et du bien-être
se sont infiltrés dans le cœur des puissants qui ne
pensent qu'à grossir leurs trésors et accroître leur
influence sur le peuple. Si une loi, de haute moralité, prescrivait l'éducation phrénologique de
l'enfance, peut-être verrait-on renaître les beaux
jours de l'âge d'or ; mais, nos vœux, à cet égard,
ne seront jamais qu'une utopie.

CHAPITRE X

DE LA MULTIPLICITÉ

DES ORDRES RELIGIEUX, CONGRÉGANISTES ENSEIGNANTS LEUR DANGER POUR L'ÉTAT ET LA LIBERTÉ

Les corporations de célibataires que notre grande révolution de 93 avait supprimées, comme stériles et dangereuses pour l'État ont, à la rentrée des Bourbons et sous le second empire de néfaste mémoire, recommencé à pulluler d'une façon alarmante. De tous côtés se sont élevés des couvents, des communautés d'hommes et de femmes, gens qui consomment et ne produisent point. Les miracles, les apparitions, les pèlerinages soudoyés, les processions dans les rues des villes et des villages se sont multipliés au point de nous rendre la risée des peuples voisins. Cette France, autrefois si redoutable, s'offre à eux comme un vaste séminaire ayant pour chef *infaillible* l'auteur insensé du *Syllabus.*

Pauvre France ! tu fus pendant trop longtemps le refuge des jésuites, calottins et béguines chassés des pays libres. — Aujourd'hui, malgré dix années de république, ils foisonnent encore sur ton sol, lèvent haut la tête, déblatèrent contre les gouvernants, accaparent les biens, brutifient les femmes et les enfants. Soutenus par les évêques et la noblesse coalisés, les jésuites et leurs adhérents se faufilent partout, occupent les premiers emplois dans les administrations, la magistrature et l'armée; ils finiraient par devenir les maîtres absolus, comme autrefois, si l'on n'y prenait garde. Leurs grands moyens, pour parvenir à leur but, sont l'ignorance, le fanatisme et la corruption des masses ; ce qui a fait dire à un éminent patriote : — Les plus dangereux ennemis de l'Etat sont les jésuites et les ultramontains de toutes robes.

Que les enfants, les femmes de la campagne et les paysans encroûtés d'ignorance, croient aux miracles de Lourdes, de la Salette, de Saint-Avi et

autres localités privilégiées où s'est montrée la
Vierge mère de Dieu, on peut le comprendre ; ces
gens-là sont crédules et ne raisonnent point. Mais,
que des hommes éclairés, instruits, dont quel-
ques-uns occupent les sommités de la science ou
des arts, se fassent les disciples de Loyola, on ne
saurait le comprendre qu'en touchant à leur moralité. Malheureusement pour notre pays, resté,
pendant vingt ans, à la merci d'un aventurier et
de sa digne compagne, la nation fut démoralisée
et mise au pillage. L'amour des places, des honneurs, des grades dans l'armée et l'administra-
tion, corrompit les consciences et l'on put citer
des savants, des magistrats, des littérateurs, des
artistes et même de plats ministres, qui ne crai-
gnirent pas de ternir leur réputation en se ven-
dant, les uns au prince renégat et traître qui devait perdre la France ; les autres aux inventeurs
du monstrueux *Syllabus*, cette audacieuse folie
jetée à la face du dix-neuvième siècle.

N'est-il pas aussi permis de croire, avec raison,
que les prôneurs de miracles, d'apparitions de la
Vierge, de médium, d'esprits évoqués et autres
pareilles jongleries ne soient poussés par de mauvaises passions ? car, il est illogique d'admettre

que les personnes de bon sens et surtout les hautes intelligences, puissent croire, sans arrière-pensée, à ces contes bleus de vieilles commères.

Le paganisme qui a duré trois à quatre mille ans, est tombé pour ne plus se relever ; de même Rome est aujourd'hui en dégringolade ; elle a joué son *va-tout* en lançant à la chrétienté le dogme absurde de l'*infaillibilité* papale et le provocant *Syllabus*. — Les hommes noirs ont beau multiplier leurs phalanges et prêcher l'ignorance, ils ont beau épouvanter les faibles et acheter les forts, le catholicisme a fait son temps, il penche à sa ruine ; comme toutes les choses de fabrication humaine, il périra et ce sera un bonheur pour les peuples qu'il a, pendant dix-sept longs siècles, dominés, abrutis et torturés.

Depuis l'invention de l'imprimerie il n'est plus possible de tenir les peuples dans les langes de l'ignorance ; au fur et à mesure que les hommes s'éclairent, les rois s'en vont, les idoles tombent, l'on ne croit plus aux miracles, aux jongleries sacerdotales, et le culte de la raison s'établit pour rendre les hommes meilleurs.

LE CLÉRICALISME

Le cléricalisme peut se définir ainsi : La ligue de l'Église, des monarchistes et des parvenus enrichis, contre le peuple ; — la confusion du culte et de la politique ; — le complot de l'autocratie civile et religieuse pour l'asservissement de l'esprit humain.

ENSEIGNEMENT CLERICAL

D'éminents philosophes ont démontré que le plus grand ennemi des progrès de l'esprit humain était l'Église catholique. — De hautes capacités politiques ont répété, et l'expérience le prouve aujourd'hui, que la cour de Rome, le *Vatican*, est l'ennemi le plus à craindre pour la paix et la liberté des nations, et particulièrement des Républiques.

En effet, les jésuites et les corporations religieuses dont le nombre, depuis quelques années, s'est accru et propagé comme une épidémie, dans certains pays, tendent évidemment à accaparer le

10

pouvoir. Ils recrutent incessamment et sans relâche, des adhérents dans toutes les classes de la
société, parmi les grands et les petits indistinctement; de façon à asservir peuples et rois, à les
dominer et, enfin, à écraser les insoumis qui re-
fuseraient de leur obéir... C'est au moyen de l'enseignement de la jeunesse, qu'on a eu grand tort
de confier à ces corporations, qu'elles sont par-
venues à ce degré de puissance qui inspire des
craintes à tout gouvernement libéral.

Personne aujourd'hui n'ignore que le grand
obstacle à l'adoption des idées nouvelles, sont les
idées dont l'esprit est imbu, dès l'enfance, par un
enseignement routinier. Or, l'enseignement clérical, selon les règles de l'absurde Syllabus, im-
posé à tout catholique, est une infection morale,
pour les enfants qui en offrent, durant toute leur
vie, les pernicieux symptômes : Hormis quelques
cerveaux, fortement organisés, l'être humain surtout la femme, sont le jouet de leur folle imagination et les esclaves des imposteurs qui ont per-
verti leur raison. Telle est une des causes de la
décadence des peuples superstitionnés, chez lesquels l'amour de la patrie s'est éteint au souffle
empoisonné du fanatisme.

Tristes résultats d'une éducation
superstitieuse

Une vieille dame, confite en dévotion, depuis son bas âge, croyait aux choses les plus absurdes ; cependant, lorsqu'elle sortait des mystères dont on avait saturé son enfance, elle reprenait son bon sens et se montrait assez aimable dans ses rapports sociaux. Mais, en fait de religion, de même que tous les catholiques crédules, elle était entêtée, absurde, intolérante !... Elle qui n'aurait pas tué une mouche, s'irritait au plus petit mot irrégulier, et eût, sans pitié, fait brûler un hérétique. Tel était le fruit de son éducation par les congréganistes.

Le hasard m'avait fait rencontrer cette dame chez un ami intime, dont elle était parente, et j'avais à subir sa conversation chaque fois que je l'y rencontrais. Bref, on s'aperçut que la dévote cherchait à me convertir à ses idées ultramontaines, ce qui amusa beaucoup la femme de mon ami, mais ne me fit point rire ; car j'ai toujours craint les dévotes. Cette circonstance éloigna mes

visites et mon ami vint m'en faire un reproche.
Je lui promis de reprendre mes jours comme
avant. La vieille dame avait été priée de ne plus
tenter ma conversion, mais elle n'en tint pas
compte, car le premier jour où je reparus chez
mon ami, la dévote, après m'avoir adressé quelques paroles emmiellées de jésuitisme, me lança
tout à coup cette question :

— A quelle religion appartenez vous, cher mon-
sieur ?

Ahuri par cette interrogation, je restai un instant muet, hésitant..... Quel mobile la poussait
et quel était son but?.....

— Veuillez me pardonner, chère madame, lui
répondis-je, une très grande préoccupation m'ab-
sorbait, et je n'ai pas compris vos paroles.

Cette dame y mettant une insistance de mauvais goût, eut l'indélicatesse de renouveler son
observation.

— Vous me permettrez, madame, sans y voir
la moindre impolitesse, de vous faire observer
que de semblables questions ne se traitent pas
dans un salon où l'on fait de la musique, où l'on
cause modes, théâtres et autres futilités. Si vous
tenez absolument à ma réponse, j'aurai l'honneur

de vous la faire demain avec tous les développe-
ments qu'elle mérite.

Le lendemain je lui adressai la lettre suivante :

« Madame, la question à laquelle votre double
insistance m'oblige à répondre, est de celles qui
s'enveniment par la discussion ; et d'ami qu'on
était avant de les agiter, on se sépare ennemi. Ma
réponse vous affligera, sans doute, mais à vous la
faute puisque vous l'avez exigée. — La voici avec
un bref aperçu sur les religions :

§ I

Les Religions et la Morale

LA SUPERSTITION

Les religions, telles que les hommes les ont
faites, offrent deux côtés : l'un moral, qui parle à
l'esprit ; l'autre grossier, superstitieux, qui parle
aux sens et à l'*imagination*, nommée la *folle du
logis*.

10.

Le premier, c'est la lumière, la vérité qui agrandit l'intelligence et conduit au bien.

Le second, c'est l'obscurité, le mensonge, qui éteint les lumières, anéantit la raison et conduit au fanatisme.

La morale, autrement dit la philosophie, déploie toutes les forces de l'homme pour faire le bien, pour éviter et empêcher le mal.

La superstition, c'est l'abnégation de la raison que Dieu nous a dispensée; c'est l'absurdité, c'est l'intolérance.

La morale cultive les beaux, les bons sentiments de l'homme, et les dirige vers la pratique de toutes les vertus qui sont : la justice, la bonté, la générosité, le sacrifice, le dévouement, etc. La morale apprend aux hommes leur solidarité entre eux, c'est-à-dire qu'ils sont frères, et qu'ils se doivent une mutuelle assistance.

La superstition, au contraire, engendre le fanatisme, ameute les hommes contre les hommes; elle arme leurs mains du fer et de la flamme pour se détruire, s'exterminer. Au nom d'un Dieu que les religions ont *anthropomorphisé*, c'est-à-dire à qui on a donné une forme et des passions, on assassine des millions d'êtres humains, et, d'un

bout de la terre à l'autre, le sang a coulé ! Lisez
l'histoire des guerres de religion, vous resterez
glacé d'horreur.

Jamais, au grand jamais, on accusera la *morale*
ou la *philosophie* d'avoir commis un meurtre ; car
la philosophie est la sagesse, la gloire de l'humanité ; la *superstition* en est la honte et la barba-
1ie... Celle-ci voudrait étouffer la première, parce
qu'elle éclaire l'homme en lui faisant connaître
ses droits et ses devoirs. La philosophie ennoblit
le cœur, élève l'espiit, inspire la tolérance, développe les sentiments généieux, et forme des citoyens utiles. La superstition, au contraire, abru-
tit les hommes, les iend craintifs et fanatiques ;
c'est un des grands moyens employés pour do
miner les peuples et les iois.

§ II

Ma religion, madame, est celle de l'honnête
homme, du philosophe ami de l'humanité ; la religion du bon sens, simple, claire à la poitée de
tous ; elle se résume en peu de mots :

*Ne jamais faire le mal et faire le bien, le cas
échéant, lorsqu'on le peut.*

Cette religion est comprise de tous, sans exception, du savant et du plus ignorant; du citadin et
du paysan. — Elle renferme une haute moralité
puisqu'elle prêche le devoir des bonnes œuvres et
condamne les mauvaises. — Elle éclaire, sans
étude, le peuple privé des bienfaits de l'instruction, et doit nécessairement rendre les hommes
meilleurs, si elle est mise en pratique. C'est, en
un mot, la religion naturelle, la vraie et la plus
simple de toutes les religions.

Toute religion qui se cache sous des mystères
est, par cela même, entachée d'obscurantisme ;
elle prêche le merveilleux, les miracles pour frapper l'imagination et tuer le bon sens, la raison. —
Avec l'imagination exaltée on fait des fanatiques ;
en développant la raison on fait des hommes sérieux, incrédules aux miracles et autres mystères,
sources de toutes les superstitions qui dégradent
l'espèce humaine.

Le fanatisme religieux fut, autrefois, une des
plus profondes plaies des peuples catholiques; il
enfanta les guerres de religion, les croisades qui
firent périr plus d'individus que les guerres les

plus meurtrières. On a tenté, pendant le second empire et sous la présidence du maréchal Mac-Mahon, nommé pour anéantir la République de 1870, de raviver le fanatisme ; cette plaie hideuse que le dix-huitième siècle avait cautérisée : le dogme absurde de l'infaillibilité papale tendait à ce but ; mais, les lumières du dix-neuvième siècle ont fait justice de cette imposture.

Si l'éducation de l'enfance et l'instruction étaient saines et morales, c'est-à-dire exemptes d'absurdités, dépouillées de superstitions ; si, dès le bas âge, on enseignait la religion des droits et des devoirs, l'État aurait des hommes libres, des citoyens utiles pratiquant la solidarité humaine, et non des cagots dangereux, perdant leur temps à marmotter de stériles prières ; il ne serait pas tenu en échec par cette formidable armée de congréganistes et de cléricaux qui tendent incessamment à accaparer les richesses et absorber le pouvoir. — Mais une ère nouvelle a commencé ; la République de 1880, après avoir brisé le despotisme monarchique, réduira bientôt le nombre effrayant de cette classe de sujets inutiles et dangereux, de célibataires enrégimentés, de ces apôtres du néant sans famille ni patrie, qui méprisent les lois de leur pays et n'obéissent qu'à une seule volonté, celle de Rome et mieux dit du Vatican. La vraie République, espérons-le, en aura bientôt raison.

En définitive, chère madame, toute religion qui étale ses pompes sacrées, ses oripeaux et qui s'enveloppe de mystères, est positivement une ruse sacerdotale pour arriver à la richesse, à la domination des peuples plongés dans l'ignorance. — Le catholicisme tient le premier rang dans ce genre d'industrie : Tout se vend et se paye, depuis la naissance jusqu'à la mort, dans cette religion dévoyée : — Baptême, — mariage, — enterrement; stalles, chaises, bancs d'églises, prières, sermons, .messes, etc., etc., etc.; tout se vend et s'achète jusqu'aux indulgences... Moyennant de l'or on vous fait espérer une place au paradis !...

Quelle qualification, madame, donnerez-vous à ce commerce et à la religion qui l'autorise?

L'INQUISITION

Tribunal odieux, à jamais maudit, créé par les princes de l'Église pour rechercher et anéantir ce

qu'ils nommaient l'*hérésie;* institution abominable qui inventa la *tos tus e* et alluma partout des
bûchers, et qui, par ses innombrables forfaits, fut
la terreur des peuples, la honte du christianisme
et des gouvernants de cette lugubre époque.

Les meurtres après torture; — les *autodafés* où
des milliers de personnes étaient brûlées, sous le
futile prétexte d'hérésie, etc., etc. — Ces meurtres, ces assassinats, au nom de la religion, n'é-
taient point la mort seulement du condamné, que
l'exécrable inquisition avait pour but; c'était la
terreur, l'épouvante qu'elle voulait inspirer aux
grands et aux petits, Ces orgueilleux et implaca-
bles ministres d'un Dieu infiniment bon et clé-
ment, donnaient des primes aux inventeurs d'instruments de tortures. — Parmi ces instruments
on cite : le *garrot* et la *vis* qui écrasaient la chair et
les os; — le *brodéquin métallique* pour broyer les
pieds; — la *traction* au moyen d'une *manivelle spéciale,* pour distendre les muscles, lacérer les articu-
lations et *disloquer* les membres; — la *corde mince
et cirée* entrant dans les chairs arrosées de vi-
naigre;—la *goutte d'eau* tombant d'un point élevé
sur la région du cœur; — l'*étouffement* par une
compression lente et graduée; — le *fer rouge* pro-

mené sur diverses partie du corps ; le *coin*, la *scie*, les *tenailles* pour scier les chairs, tordre les os, les briser, arracher les ongles, etc., etc., etc... N'est-ce pas à faire dresser les cheveux, à horripiler de la tête aux pieds !!!

On a de la peine à croire que cette infernale inquisition alluma plus de 200,000 bûchers, et fit donner la question à des milliers de malheureux. Les juges et les bourreaux contemplaient de sang-froid ces *rôtissages* humains, ces effroyables tortures.., Et c'est au nom du doux Jésus que les Torquemada multipliaient ces crimes !... Oh! si Dieu est juste, il a dû demander compte à ces ambitieux fanatiques, de tant d'abominations ; à ces exécrables inquisiteurs dont la férocité ne connut point de bornes. (Lisez, à ce sujet *Torquemada*, le drame émouvant de notre grand poète Victor Hugo).

LA CONFESSION

L'an 1215, le Concile de *Latran* jugeant qu'il était du plus haut intérêt, pour la puissance sacerdotale, de connaître les secrets de la vie privée, décréta la confession auriculaire *obligatoire* dans toute la chrétienté. — Alors, il n'y eut plus de sécurité dans les familles; la terreur se répandit partout; le mari craignait sa femme et celle-ci son époux, ses enfants... Le prêtre, par les questions insidieuses du confessionnal, connaissait ce qui se passait dans la famille ; il pouvait arracher à la femme, à la servante les secrets les plus intimes, pour les rapporter au chef inquisiteur; c'était l'*espionnage papiste*, le pire de tous les espionnages.

Cité devant le tribunal de l'Inquisition, l'homme ou la femme étaient accusés d'hérésie, et, sans nommer leur accusateur, on les condamnait à la *question*, ce qui signifiait la *torture*, genre de tourments inconnus aux sauvages les plus féroces. — Le malheureux condamné, innocent ou coupable, ne pouvant endurer les douleurs atroces qu'on lui faisait subir, avouait ce qu'on exigeait de lui pour mourir plus vite.

Et dire que dans le monde chrétien, les horribles supplices de l'Inquisition durèrent jusqu'à la fin du dix-huitième siècle !... c'est à ne pas y croire... Que penser des hommes qui les inventèrent et des bourreaux qui les appliquèrent ?... Que

11

leurs noms couverts de sang et d'infamie soient conservés par l'histoire pour être frappés d'une éternelle flétrissure !

LA THEOLOGIE

Malgré tous les beaux raisonnements déjà faits et à faire, la théologie ne sera jamais une science dans l'acception absolue du mot, puisque toutes nos idées nous viennent des sens et que son objet est inaccessible à nos sens. — L'homme privé d'un sens restera toute sa vie étranger aux idées attachées à ce sens; c'est incontestable. — Les disputes scolastiques sur les idées *concrètes* et les idées *abstraites*, souvent envenimées, ont fait leur temps; la physiologie moderne a démontré, sans réplique, ni objection sérieuse que *l'abstrait* venait directement du *concret*. — Il nous est impossible d'avoir une idée exacte des choses métaphysiques, c'est-à-dire des choses abstraites, des êtres spirituels, immatériels, l'âme, son immortalité, etc. La démonstration de l'existence de l'âme, considérée comme substance distincte de notre organisme, ne repose sur aucune certitude physiologique; son immortalité n'est démontrée par aucune des preuves qu'exige la science, pour établir une vérité.

Le métaphysicien croit tout expliquer par des raisonnements subtils et captieux, mais dépourvus de la valeur mathématique. Le physiologiste ne raisonne que sur la réalité des phénomènes soumis à son observation. Or, l'idée d'un être spirituel, logé dans son intérieur, élaborant sa pensée et dirigeant ses actions, est une idée fantaisiste, créée par les métaphysiciens pour résoudre une question à jamais insoluble. — On demandait au célèbre mathématicien LAPLACE pourquoi il n'avait point fait intervenir Dieu dans son exposition du *système du monde*, il répondit : *C'est que j'ai pu m'en passer*. Le phrénologiste fait une réponse analogue, au sujet de l'âme, considérée comme un être abstrait; ses études sur les fonctions du cerveau lui ont donné l'intime conviction qu'il n'était besoin de l'entité *âme*, pour expliquer les phénomènes de la pensée. — Il en est de même pour l'INFINI dont nous ne saurions avoir une idée *exacte;* puisque nous ne possédons point le sens qui devrait nous la fournir; on ne peut définir *l'infini* que negativement c'est à-dire en l'opposant au *fini*.

Le théologien, perdant de vue les qualités *sensibles* des choses, raisonne sur les qualités *fictives*, sort de la sphère humaine et s'égare dans le dédale des chimères. — La science est basée sur des connaissances positives découlant de faits invariables. — La théologie n'est qu'un échafaudage de conjectures que les sciences exactes réduisent à néant.

La réflexion ou la conscience, pas plus que l'observation ne fournissent des données positives, irréfutables sur l'entité *âme, esprit*. La solution de cette question se rapporte strictement aux causes premières, qui sont au-dessus de l'intelligence humaine et qui le seront éternellement.

ESSAI

SUR LA CAUSE PRINCIPE DE L'UNIVERS

La cause principe que les anciens peuples ont nommée *Brahma,* — *Jéhova,* — *Zéus,* — *Jupiter,* etc , et que les modernes ont appelée *Dieu,* a, selon eux, établi des lois universelles, et ces lois doivent être immuables comme la cause dont elles émanent. Il n'y a aucune comparaison à faire entre les lois éternelles et les lois humaines ; ce serait tout simplement ABSURDE.

Tout effet ayant une cause, il s'ensuit que cet effet ne peut exister sans cette cause ; et cette même cause agissant produira toujours et invariablement le même effet. — Si l'effet vient à être modifié, c'est que la cause a été modifiée : sans cela l'effet eût été le même qu'antérieurement.

Les lois de la nature sont des causes secondaires, si nous les considérons comme l'ouvrage d'une cause principe ; mais ces lois, une fois établies, ont dû et doivent marcher éternellement invariables. — Lorsqu'on observe des perturbations dans ces lois, c'est que ces perturbations sont un effet nécessaire de causes insaisissables, et nous devrions alors, avouer notre ignorance dans cette matière, plutôt que de commenter l'œuvre aussi impénétrable qu'admirable de l'univers.

Se creuser le cerveau et perdre son temps à chercher si l'univers a été fait et pourquoi il a été fait, est un genre de folie inhérent à l'orgueil et au fanatisme. Comment l'homme qui ne comprend pas ce qu'il voit et ce qu'il touche, pourrait-il comprendre ce qui est au-dessus de ses sens et de son esprit? — Contentons-nous d'observer, d'admirer les innombrables merveilles de la nature, et prosternons-nous devant la cause incompréhensible de ces merveilles! On ne saurait faire un meilleur usage de sa raison.

LE LUXE

ET SES CONSÉQUENCES FUNESTES,

Le luxe naît, généralement dans les palais qu'habitent les rois et dans les châteaux où se prélassent les favoris de la fortune. — Ce vice, aux formes attrayantes, est ignoré des Républiques. — Le vice accompagne toujours l'excès de civilisation et annonce une décadence prochaine. — Si le luxe aide aux progrès des arts, il développe aussi la vanité des grands qui les protègent, et amène, peu à peu, la servilité des petits : la démoralisation en est inéluctablement la suite

Habitant la capitale de France, depuis cin-
quante ans j'y ai vu s'éteindre trois monarchies
et naître trois Républiques, dont deux n'ont eu
qu'une durée éphémère. Puisse la troisième République, qui aura bientôt dix ans d'existence, ne
pas succomber sous la passion du luxe et la dé-
pravation, funeste héritage du second Empire.

Pendant ma longue existence je fus témoin de
nombreux scandales, de hontes, de prévarica-
tions; mais je n'avais jamais vu la vénalité, la
corruption avilir les grands corps de l'État, comme
sous Napoléon *le petit* que notre grand poète
Victor Hugo a si énergiquement flétri dans les
Châtiments!

Toute la presse s'était vendue au pouvoir;
quelques rares journaux, quoique frappés de
peines et d'amendes énormes, par une magistrature aux ordres du César, eurent le courage de
démasquer les dilapidations, les trahisons, les
infamies et les turpitudes de ce règne d'odieuse
mémoire. Enfin, la guerre de 1870, si sottement
déclarée, débarrassa la France de cet homme néfaste... Mais, à quel prix? Deux des plus belles
provinces et cinq milliards d'indemnité de
guerre!!! .. Rançon excessive, fabuleuse dont

l'histoire ancienne et moderne n'offre point
d'exemple. Ce fut une immense perte matérielle ;
mais, ce qui, peut-être, est pire encore, c'est le
mal moral, la contamination de la France.

En effet, pendant dix-huit ans de ce règne maudit on donna l'essor aux mauvaises passions, aux
excès en tous genres. La soif de l'or, pour briller
par le luxe et satisfaire les plaisirs mondains, al-
térait le grand, le demi-monde, et gagnait la
classe populaire. Tous les moyens étaient bons
pour obtenir des places lucratives et arriver à la
fortune . on vendait sa conscience, on prévari-
quait, on souillait le nom de ses aïeux ; — on tra-
fiquait de son honneur, de sa position ; — l'industrie falsifiait ses produits pour gagner davantage ; — la cupidité commerciale ne connaissait
plus de bornes ; — les sociétés véreuses, les
banques interlopes ouvraient leurs bureaux avec
des annonces fallacieuses faisant miroiter l'appât
de gros intérêts, et se déclaraient en faillite dès
que les sommes, extorquées aux niais, leur pa-
raissaient suffisantes. Ces vols multipliés, ces
abus effrontés de confiance se traduisirent par le
proverbe : *Aller à la chasse aux écus.* — Les lois
répressives étaient insuffisantes pour arrêter cette

industrie criminelle qui se propageait comme une épidémie. — Ces deux mots *luxe* et *richesse* signifient que l'un ne peut exister sans l'autre.

Dans la classe favorisée de la fortune, les femmes, particulièrement, affichent un luxe qu'on pourrait qualifier d'insolent, en face de la misère en haillons · c'est à qui étalera les plus éblouissantes toilettes, possèdera les plus riches équipages. La vanité, l'orgueil se decouvrent dans leurs actions; les prodigalités pour leurs personnes et la mesquinerie pour autrui. — Les folles dépenses en dîners, soirées, bals, théâtres et autres coûteuses distractions inculquent, dans leur cerveau, l'amour de ces plaisirs mondains et leur fait oublier leurs devoirs sociaux. Cet état de choses amène infailliblement la démoralisation de la classe riche privilégiée, démoralisation qui gagne, peu à peu, la classe industrielle enrichie et se propage bientôt aux classes inferieures; alors, le germe de tous les vices se developpe infailliblement et contagionne la nation entière

Ce fut ainsi que commença et s'accomplit la decadence des grandes nations de l'antiquité, qui s'illustrèrent par leurs vertus civiques et leurs

11.

hauts faits. Consultez l'histoire et vous acquerrez la certitude que les Assyriens, Mèdes, Égyptiens, Perses, Grecs et Romains tombèrent en dissolution sous le souffle énervant du luxe et de l'abrutissant despotisme.

Heureusement pour l'humanité qu'il exista de tous temps et qu'il existe encore, chez tous les peuples, des sages, des philosophes et des hommes, favorisés de la fortune, qui font un noble usage de leur intelligence et de leurs richesses; ils sont, il est vrai, en trop petit nombre. — Toutes les nations anciennes et modernes citent, avec orgueil, les noms de ces bienfaiteurs, couronnés d'une auréole immortelle.

LA GUERRE DE 1870-1871

RÉFLEXIONS PHILANTHROPIQUES SUR LES GUERRES ET LES CONQUÉRANTS

(Lettre a ma fille)

A la suite des tristes événements qui ont désolé et humilié la France, par l'impéritie d'un prince felon, tu me demandes, chère enfant, quelles sont mes pensées sur la guerre? — Les voici, en abrégé :

De tous les fléaux qui sévissent sur l'humanité il n'en est point de plus terrible, de plus épouvantable que la guerre. — Les désastres par l'inondation, l'incendie, la peste n'ont lieu que de loin en loin, et sont limités à des localités ; tandis que le fléau de la guerre promène ses ravages sur le monde entier. — Connaît-on la cause de ce redoutable fléau?... — Elle est écrite dans l'histoire de tous les peuples anciens et modernes.

Lisez, et vous acquerrez la conviction que ce sont toujours les chefs des hordes barbares et des peuples civilisés ; les conquérants, les autocrates qui, pour dépouiller les faibles, déclarent et font la guerre. Ce sont eux qui soufflent leur haine et leur vengeance dans les cœurs des hommes qu'ils commandent, et ceux-ci obéissent en aveugles. Ah ! s'ils réfléchissaient, que ces maîtres considèrent les hommes dont ils se servent comme des machines qu'ils peuvent briser ou mettre au rebut, selon leur bon plaisir Si le peuple éclairé comprenait enfin que ce n'est point le laboureur qui ensemence son champ, ni l'ouvrier qui travaille à l'atelier, qui va chercher querelle au la-

boureur et à l'ouvrier d'un autre pays; — Que ce
n'est pas une nation qui, de son propre mouvement, va se heurter à une autre nation, pour
s'entr'égorger; si, dès le bas âge, on lui enseignait
ces vérités, les choses changeraient de face, les
guerres, et les conquérants disparaîtraient. C'est
toujours l'autocratie ou l'oligarchie qui déclare la
guerre et jamais le peuple occupé à son travail
pour nourrir sa famille. — Ce sont toujours les
peuples maintenus dans les ténèbres de l'ignorance, qu'on pousse les uns contre les autres, en
les excitant avec les mots *Patrie! Gloire!* et les
peuples fanatisés massacrent et se font massacrer
pour servir les intérêts des grands; et les pauvres
familles des victimes, privées de leur soutien,
languissent dans la misère et souvent meurent de
faim. Oh! la guerre... Qui nous en délivrera?...

L'homme abruti, dès le bas âge, par une éducation vicieuse qui le prive complètement de la no-
tion des droits et des devoirs du citoyen; qui lui
laisse ignorer sa valeur d'homme et la dignité at-
tachée à ce nom, est une brute dangereuse Ce
sont de pareils hommes, exécutant les ordres de
celui qui les paye, que les despotes enrégimentent

pour servir leur ambition, leurs intérêts et arriver à leur but.

Voyez le soldat à l'œuvre, dans ces horribles boucheries d'hommes qu'autorise la guerre !... Qu'il soit poussé par le fanatisme religieux ou le patriotisme, il devient féroce : il pille, il viole, incendie, tue et renverse tout ce qui s'offre à sa fureur... Et, par une de ces aberration de l'esprit humain que la morale n'a encore pu effacer, lors- que, couvert du sang, qu'il a versé, il se dresse glorieux, au milieu des cadavres et des ruines, on le proclame vainqueur !... on le couronne de lauriers et les honneurs du triomphe lui sont décernés...

Apothéoser les hommes qui ont consacré leur vie au progrès et au bien-être des nations, c'est justice, mais les meurtriers en grand, c'est-à-dire les conquérants, les glorifier c'est une absurdité — Je comprends l'apothéose d'Hercule qui purgea son pays des monstres et des brigands qui l'infes- taient ; mais, je n'admets point, comme logique, celles d'*Alexandre* le Grand et de *Cesar* qui boule- versèrent une partie de l'ancien monde. — Et ce- pendant, on berce la jeunesse des hauts faits de ces conquérants, on exalte les jeunes imagina-

tions par le récit de leurs victoires. Il n'est pas de
collégien qui ne parle d'Alexandre et de César
avec admiration, tandis qu'ils sont dans une
complète ignorance de la vie et des belles actions
des bienfaiteurs de l'humanité. La plupart des
jeunes gens ignorent les maximes sublimes des
sages de la Grèce et si vous prononcez les noms
des *Montyon*, des *Peabodi*, des *Walace* et tant
d'autres philanthropes modernes, immortalisés
par leurs bienfaits, ils sont à peines connus...

Quand donc réformera-t-on ce déplorable système d'instruction? Substituera-t-on la raison à la
superstition, la vérité à l'erreur ?... Quand donc
gravera-t-on au fond des cœurs, en caractères
ineffaçables, le grand principe des *droits* et des
devoirs qui rend l'homme solidaire de son semblable et moralise le peuple.

Puisque nous sommes sur la question du *fléau*
qu'on nomme la *guerre*, n'est-il pas absurde,
nous le répétons, d'entendre, dans les temples
et les églises, les hommes consacrés au culte,
faire l'éloge des vainqueurs; chanter l'*Hosanna*,
le *Te Deum* et demander à Dieu de bénir, de
conserver la vie aux rois, aux princes qui ont fait

massacrer des milliers d'individus utiles à leur pays et nécessaires à leurs familles. — Après leurs victoires, comptez combien de mères, de veuves éplorées et d'enfants dans la misère... Et l'on ose chanter dans les temples les exploits des vainqueurs ; et l'on a la bassesse d'appeler les grâces, les faveurs de Dieu sur leurs têtes... O honte sacerdotale ! Si l'être incréé, le TOUT-PUISSANT, n'était pas immuable, justement irrité de ces chants, il écraserait, d'un souffle, les temples et pulvériserait ceux dont les prières sont un blasphème contre sa bonté.

D'autre part, on remarquera que chaque nation, chaque pays adore Dieu et l'implore à sa manière. — Lorsque deux peuples en guerre le supplient, l'encensent, brûlent des cierges, font des offrandes pour obtenir la victoire contre son adversaire ; supposez que ces deux peuples, à mérite égal, lui soient également sympathiques, qu'ils aient le même poids dans la balance ; voilà Dieu dans l'embarras ; que faire ?.. Alors, le saint le plus intelligent se prosterne et lui tient ce langage — Maître *Tout-Puissant*, les hommes vêtus de noir qui vous invoquent, répètent tous les jours que vous connaissez le passé, le présent et l'avenir,

que vos décrets sont *immuables*. Faites leur dire
par leur chef qui vous représente sur la terre, et
qui a eu l'audace de se faire reconnaître *infaillible*
comme vous; faites leur répondre que vous êtes la
LOI, et qu'en raison de votre *immutabilité*, leurs
prières sont nulles et impies. — Faites leur savoir que la guerre étant un fléau que vous ré-
prouvez, c'est l'insulter, que de l'appeler le *Dieu
des armées*. — Afin de réprimer leur vanité, on
pourrait même dire leur orgueil, il est de toute
nécessité de leur déclarer que les chants d'é-
glise par les artistes d'opéra, avec accompagne-
ment d'orchestre; le luxe des cierges et des ten-
tures, les nuages d'encens; leurs costumes de
soie brochée d'or, et tout l'apparat de leur culte,
renouvelé des païens, est loin de plaire à leur
Dieu qui, pendant sa vie sur terre, prêcha la pau-
vreté et l'humilité. — Le TOUT-PUISSANT exige
aussi que ses ministres cessent de tromper les
pauvres d'esprit, les gens crédules en leur ven-
dant leurs prières et leurs offices, — surtout
qu'ils se pénètrent profondément et sans jamais
l'oublier, que la seule, la vraie manière de lui
plaire, de l'honorer et de le glorifier, est tout entière dans cette maxime, que doivent ensei-

gner, par l'exemple, ceux qui se disent ses ministres :

Ne jamais faire le mal ;
Être toujours prêt à faire le bien
Selon sa situation et ses moyens

O flambeau de la raison ! Lumière de la philosophie, quand éclairerez-vous les masses et rédui-
rez-vous à néant, les criminels de lèse humanité
qui font leurs efforts pour vous éteindre, afin de
plonger, de nouveau, les peuples dans l'ignorance
et d'en faire les dociles instruments des caprices
de la classe privilégiée. O flambeau de la raison !
le grand jour où ton éclatante lumière pénètrera
les masses, est-il encore bien éloigné ?

APTITUDES DIVERSES DES PEUPLES

SELON LES CLIMATS ET LA CONFORMATION CÉRÉBRALE

L'être humain possède cinq sens dont quatre
tirent leur origine du cerveau ; le cinquième sens,
celui qui offre le plus d'étendue, est le sens du

tact; il a son siège sur toute la surface de la peau et des membranes muqueuses qui tapissent les ouvertures du corps; — il communique au cerveau par les nombreuses anastomoses du télégraphe nerveux.

C'est au cerveau que viennent aboutir toutes les impressions reçues par les sens; c'est le cerveau qui nous fait distinguer l'immense variété des sensations; mais là ne se borne point son rôle; il en remplit un autre beaucoup plus élevé, le rôle des *facultés intellectuelles :* — la *mémoire,* le *jugement* qui fait les savants; — l'*imagination* qui fait les artistes et les poètes; — les *sentiments* et *penchants,* source des passions. C'est à cet organe et aux *tempéraments,* qu'il faut attribuer les diverses aptitudes et le caractère qui distinguent les peuples.

Parmi les hommes de toutes nations indistinctement, il en est qui se font remarquer par le jugement, le raisonnement, l'examen des choses sérieuses; ce sont les philosophes, les hommes de science, les naturalistes, etc. — D'autres brillent par l'imagination, c'est-à-dire par l'enthousiasme des choses parlant à l'esprit et aux sens; ce sont les idéalistes, les poètes, les artistes, les créateurs

du beau et du grand réalisable, sculpteurs, peintres, architectes, musiciens. On rencontre, parfois, parmi eux, des hallucinés qui se figurent
voir et entendre des choses en dehors de la nature.

Ces distinctions s'appliquent parfaitement aux
peuples anciens et modernes. — L'Inde et l'Égypte
s'immortalisèrent dans les idées théocratiques et
monarchiques ; leurs philosophes furent des mo-
ralistes ; leurs savants des astronomes et des architectes. — Les Grecs ont possédé d'éminents
philosophes, ils s'illustrèrent surtout par leurs
grands artistes et leurs poètes. — Les Romains
qui empruntèrent aux Grecs leurs arts et leurs
sciences, se sont rendus célèbres par leurs histo-
riens, poètes et orateurs ; mais, ce fut surtout par
leurs grands hommes de guerre qu'ils se cou-
vrirent de gloire.

Les Français et les Italiens peuvent être comparés aux Grecs anciens sous le rapport de l'imagination, c'est-à-dire des arts libéraux et des
beaux-arts ; ces deux nations comptent, un grand
nombre de célébrités dans tous les genres. — Les
Français ont eu leur César qui étonna le monde
par ses victoires, et commença la ruine de la

France. — Les Anglais et les Allemands, peuples
sérieux, étalent, avec un juste orgueil, une longue
liste d'hommes illustres en politique et en straté-
gie; mais c'est particulièrement à leurs philosophes, à leurs savants hors ligne, qu'ils doivent
la renommée qu'ils se sont acquise. — Les Espa-
gnols, dont le caractère revêt une certaine gra-
vité, ont eu leur brillante époque : leurs rois conquérants, leurs marins intrepides et surtout leurs
poètes, leurs grands artistes qui ne le cèdent en
rien aux célébrités des autres nations. — Les
Arabes ou Ottomans eurent aussi leur époque glo-
rieuse, sous les Kalifes et les premiers Sultans;
leur fanatisme religieux fut un obstacle à leurs
progrès ultérieurs. Les Arabes ont laissé des
traces de leur passage dans plusieurs villes d'Es-
pagne et du midi de la France, par leur architec-
ture élégante et hardie. — La civilisation des
Russes, nation composée de plusieurs races, ne
date guère que de PIERRE Ier, dit le Grand ; elle a
fait néamoins d'énormes progrès. La Russie est
aujourd'hui un grand empire occupant un des
prèmiers rangs dans la politique européenne.
Elle compte aussi des diplomates, des savants,
des poètes et des hommes de guerre distingués. La

munificence de ses souverains et de son aristo-
cratie attire dans sa capitale les premiers artistes
des autres nations, de telle sorte qu'on peut pré-
voir qu'elle rivalisera, un jour, avec les nations
qui occupent le premier rang.

Il suffit de ces courtes citations pour conclure
que chaque peuple, selon le climat qu'il habite,
selon son organisation cérébrale, possède son caractère qui lui est propre et ses aptitudes spéciales.

F N

TABLE DES MATIÈRES

CHAPITRE IV

CHAPITRE V

CHAPITRE VI

CHAPITRE VII

CHAPITRE VIII

CHAPITRE IX

CHAPITRE X

FIN DE LA TABLE

F. Aureau. — Imprimerie de Lagny.

www.ingramcontent.com/pod-product-compliance
Lightning Source LLC
Chambersburg PA
CBHW071943090426
42740CB00011B/1794